Gedichte ● Worte wie Feuer

Herbert Schwarz

AF284286

Herbert Schwarz

Worte wie Feuer

Gedichte

Bibliografische Information der Deutschen Nationalbibliothek:
Die Deutsche Nationalbibliothek verzeichnet diese Publikation in der Deutschen Nationalbibliografie; detaillierte bibliografische Daten sind im Internet über http://dnb.dnb.de abrufbar.
© 2022 Herbert Schwarz
Herstellung und Verlag: BoD – Books on Demand, Norderstedt
ISBN: 978-3-7557-8133-2

Prolog

Auferstehung

Wahrheit muss sterben
Weil ein Autokrat das will
Es sterben Kinder und Alte
Frauen Männer in großer Zahl
Städte und Regionen brennen
Schulen Kirchen kulturelle Stätten
Wohnungen Kliniken und Fabriken
Infernal in Schutt und Asche fallen
Wer kann trocknen so viele Tränen
Trösten die am Leben blieben
Was zerstört ist neu errichten
Und Autokratie nicht zahlen wird
Ich wünschte dass wir Phönix wären
Aus der Asche auferstünden
Und Wahrheit würde weiter leben
Weil die Menschheit es so will

Danksagung

Die Arbeit mehrerer Jahre, Die Reihe "Stunde der Besinnlichkeit", ist am Ziel angelangt - Konzepte, Träume, Entwürfe, Leseproben, Rezitationen, Korrekturen. Band I mit dem Titel "Worte wie Feuer" ist in Lesers Hand. Eine (relative) Endfassung meiner Gedichte liegt vor, aber niemand kann wissen, was mich an interessanten Themen noch erwartet. Am Gelingen waren mir nahestehende Menschen beteiligt, und all ihnen schulde ich großen Dank. Meiner lieben Frau Annelie für ihr liebevolles Entgegenkommen, ihre unendliche Geduld und grenzenloses Verständnis. Meinen Kindern und weiteren Verwandten für geduldiges Zuhören und Lesen sowie für ihr überzeugendes "Mache weiter so". Kulturschaffenden meiner Heimatstadt für überaus wertvolle Hinweise. Dem Verlag "Books on Demand" danke ich herzlich für jegliches Entgegenkommen, die gute Ausstattung und Bemühungen bei der Fertigstellung der Auflage. Allen Leserinnen und Lesern wünsche ich viel Spaß, Genuss und Entspannung.

Nachdenken

Ostdeutsch

Du bist
Arbeitslos und faul
Nicht zu gebrauchen
Dumm und ungebildet
Und hoch verschuldet
Kannst nur jammern
Oder ein Stasi-Mann
Hartz-IV im Dauerbezug
Hast als Säufer nie genug
Und was Unverschämtheit
Noch so alles spricht
Nein - *Ein solcher bist du nicht*

Hast mit Entbehrungen überstanden
Zwei Diktaturen Krieg und Treuhand
Mauern stürzten durch deine Kraft
Ohne Hilfe hast du das geschafft

Du hast Erfahrung und weite Sicht
Im schwarzen Tunnel siehst du Licht
Weißt was einfache Menschen fühlen
Kannst Demokratie ganz neu beflügeln

Hast Stehvermögen Ideen bewiesen
Bist ungewohnte neue Wege gegangen
Meidest konsequent den alten Stiefel
Wirst Gesellschaft zukunftsfähig machen

Das Gemeinwohl liegt dir am Herzen
Es gibt noch viele die das hassen
Hebe stolz dein Haupt zur Sonne
Zeige Mut und schau nach vorne

Rätselhaft

Rede mein Freund
Rede nur zu
Deine Schmähung sei dir vergeben
So wie ich dir schon oft verzieh

Rede mein Freund
Rede nur zu
Der Schmerz der dich plagt
Ist dass du nicht bekommst
Was du selbst nie gabst

Und was ist meiner Rede Sinn
Der sich dir nicht eröffnen will
Von alten Tugenden will ich künden
Uralt und doch stets neu
Die gute Menschen verbinden

Rede mein Freund
Rede mit *mir*
Und - denke nach
Vertrau auf dein Gespür
Denn die Lösung liegt in dir

Der Troll im Internet

Du erscheinst mit falschem Namen
Nicht den dir deine Eltern gaben
Nur ein Feigling bleibt inkognito
Gute Seiten aber wo wo wo

Deine primitive Rede ist Beweis
Warst in der Schule nicht sehr helle
Wer von Fakten Logik nichts weiß
Tritt immer auf der Stelle

Jeder deiner Posts ist Verriss
Nicht sachlich Hauptsache schlecht
Was andere meinen ist dir nie recht
Nur dass *alles Scheiße* ist

Vergibst Schimpfnamen ohne Unterlass
Bewirfst alle nur mit Lehm
Gute Manieren sind dir nicht angenehm
Woher nur kommt dieser Hass

Hetze Verachtung Missgunst und Neid
Sind traurige Zeichen deiner Einsamkeit
Was eigentlich ist an dir dran
Unwürdiger Nichtsnutz der nichts kann

Kompass für dein Leben

Freiheitssehnsucht ein alter Traum
Wie erreichen weiß man kaum
Frei sich informieren entfalten entscheiden
Muss man erlernen schon beizeiten

Willst du nicht nach andrer Leute Pfeife tanzen
Laufe niemals nach der großen Herde
Die kann nur muhen meckern blöken grunzen
Und was du sehen kannst das sind nur Ärsche

Ist aus den Fugen die ganze Welt
Empöre dich du darfst nicht ruhn
Du bist zwar schwach und kein Held
Doch besser wenig als nichts zu tun

Suchst du einen Kompass für dein Leben
Schon im alten Rom da wusste jeder
Du sollst Jupiter fragen nicht den Ochsen
Willst du dich durchs Leben boxen

In heutiger Zeit sollten wir es besser wissen
Was du gelernt niemals vergessen
Dichter Philosophen sollst du lesen
Gute Musik stimmt harmonisch dein Wesen

Nur Gutes nie Schlechtes dir ein Beispiel geben
Erfahrungen der Alten Stützen deines Strebens
Populisten immer wachsam meiden
Lass nie von Schwätzern dich verleiten

Hab ein offenes Auge was im Staat sich tut
Sprich von Politik mit Bedacht nie in Wut
Nicht für Obrigkeit ist Demokratie gedacht
Alle sollen teilhaben an der Macht

Schau welcher Parlamentarier sich rührt
Fleißig Wahlversprechen realisiert
Zuhört was die Wählerschaft begehrt
Und weißt wem deine Stimme gebührt

Schmähung

Rede mein Freund
Red' nur zu
Wegen der Schmähung
Werd ich dich nicht schelten
Und Gleiches mit Gleichem
Nicht vergelten
Bedenke ein Vorteil wird
Dem Klatschmaul nicht zuteil
Denn Achtung gebührt
Dem Achtsamen allein

Was ich mag

Eltern die sich kümmern und nicht ruhn
Freunde die nicht fragen sondern tun
Feinde die mich niemals hassen
Nachbarn ohne Neugier auf mich achtend
Lehrer die alle Schüler lieben
Bürgermeister die dem Bürger dienen
Polizisten die den Weg mir zeigen
Jugend die Alte übern Damm geleitet
Ärzte die für die Patienten leben
Handwerker die sich immer Mühe geben
Verkäufer die mich nie betrügen
Eheleute die sich nie belügen
Autofahrer die immer Rücksicht nehmen
Kellner die sich zu Schnelligkeit bequemen
Ach das alles wäre wunderschön

Wer bin ich

Ein junger Mann Siddhartha genannt
Zog frohen Herzens durch das Land
Suchte Menschen die sehr weise
Auch Abenteuer auf seiner Reise
Wer bin ich wollt er gern erfahren
Zuerst erfolglos auch nach Jahren

Vier Menschen traf er auf seinem Wege
Einen Alten nach dem Tod sich sehnend
Einen Kranken der um Hilfe flehte
Einen Toten am Wegesrand verwesend
Einen Asketen gezeichnet vom Schmerz
Mitleid mit allem ergriff sein Herz
Jegliches Leben war ihm schützenswert
Wurde als Buddha der Erleuchtete verehrt

Viele Religionen kamen danach
Mit Heiligen denen Wunder nachgesagt
Und starken kühnen Helden
Verbreiteten sich in allen Welten
Doch sie brachten selten Gutes
Auch Laster gingen um
Priester segneten die Waffen
Und halfen Kriegsvorwände schaffen

Nach Solchem war nie mein Sinnen
Suchte was ist für Menschen gut
Um den richtigen Weg zu finden
Braucht es Wissen und auch Mut

Aber allen Menschen zu geben Brot
Ihnen zu helfen aus bitterer Not
Allen Menschen Segen bringen
Kann der nur Gemeinschaft gelingen
Auch der Einzelne soll nicht ruhn
Besser das Wenige als nichts zu tun

Klugheit kommt vom Lesen und studieren
Doch ohne Tugend ist Weisheit rar
Die sollst du pflegen praktizieren
Sich damit brüsten kann nur ein Narr

Wie für alle kommt für mich der Tag
Den aller letzten Atemzug zu tun
Dass ewiglich verlischt mein Licht
Wenn am Sterbebett man mich fragt
Auf Antwort drängt *Wer bist du nun*
Bekenn ich frei *Ich weiß es nicht*

Ja aber

Am Spielplatz ein Drei-Käse-Hoch
Der zählt nicht mal fünf Jahre
Und schlägt mit Steinen wirft
Zieht kleine Mädchen an den Haaren

Ich ermahne ihn *Bitte tu das nicht*
Und schau ihm streng in das Gesicht
Mit *Ja aber* unterbricht er mich
Bei jedem Satz - verstehen will er nicht

Kinder kann man meist erziehen
Zu Achtung und Gemeinsamkeit
Bei Erwachsenen ist das schwierig
Da siegt meist die Überheblichkeit

Nicht nur Kinder haben die Gewohnheit
Nicht zu achten was der andere sagt
Zum lauten *Ja aber* stets bereit
Wenn jemand eine eigene Meinung wagt

Auch von Politikern kenn ich dieses
Für sie ist es lang erprobtes System
Zu viele ihrer Art sind Destruktive
Denken Konzept entwickeln ist unbequem

Nichts geht da über fiese Taktik
Unterstelle Böses schüre Zweifel
Erfinde Lücken und übertreibe
Vermeide Lob und sachliche Kritik

Fragt nicht warum es mich nicht wundert
Das Parlamentsrad sich nur schleppend dreht
Der Verdacht der Korruption umgeht
Und der Bürger Sorgen gehen unter

Von allen liebe ich die Konstruktiven
Die emsig arbeiten sachlich sind
Öffentlich beraten sie jede Initiative
Das ist der Weg der dem Lande hilft

Was ich will

Augen öffnen und nicht blenden
Anreiz geben nachzudenken
Nicht mit Freundlichkeit zu geizen
Allen Höflichkeit erweisen
Trauernden spenden Trost
Hungernden reichen Kost
Schmerzende Wunden heilen
Wenn es Not tut Gaben teilen
Aufbauen und nichts zerstören
Auf jedes Menschen Meinung hören
Andere zum Lachen bringen
Oder schöne Lieder singen
Streitende zur Einigkeit bewegen
Dem der weh mir tat vergeben
Bei Problemen Lösung finden
Was getrennt mal war verbinden
Würden alle Menschen glücklich sein
Dann schliefe ich viel besser ein

Grimmelshausen

Auf Spazierfahrt fuhr ich ins Werratal
Nach Trostadt und nach Grimmelshausen
Am Ortsrand fand ich Tisch und Bank
Die schöne Aussicht lud zu einer Pause

Hans Jakob Christoffel von Grimmelshausen
Ihn zu ehren gleich daneben eine Tafel
Der einst den Simplicissimus geschrieben
Des Dichters Eltern waren hier zu Hause

Ich lehnte mich zurück und dachte nach
Was Werra auf und ab geschah dereinst
Der Krieg der dreißig Jahre furchtbar war
Hier tobte er mit besondrer Grausamkeit

Der Papst in Rom hatte es gefordert
Der Kaiser selbst gab die Befehle
Mit brutaler Macht die auszurotten
Die lutheranisch dachten und beteten

Auch nach vierhundert langen Jahren
Kennt man Orte des Grauens am Namen
Barchfeld war ein Feld der toten Leiber
Lachenhaupt waren Häupter in Lachen
Männern Frauen Kindern abgeschlagen
Reitersgraben der grausige Weg
Auf dem Isolani's Kroaten kamen

Fragt nicht warum ich darüber sinne
Immer wieder nach bewegter Zeit
Denkt mit liebe Leute haltet inne
Ist es nicht wieder mal so weit

Nach Hitlers faschistischer Barbarei
Wieder Fremdenhass und Kampfgeschrei
Unsere Demokratie ist in Gefahr
Denn der braune Mob ist wieder da!

Angst und Hoffnung

Eine neue Krankheit hat uns jüngst erreicht
Nicht ein Land allein nein die ganze Welt
Schutz und Heilung finden ist nicht leicht
Wir müssen reagieren wenn's auch nicht gefällt

Angst macht sich breit und Panik obendrein
Angst vor Krankheit Siechtum und vor Tod
Vor Arbeitsplatzverlust Armut und Hungersnot
Seine Liebsten zu verlieren und alleine sein

Selbst alte Laster machen sich nun breit
Als lebten wir im Eldorado der Gangster
Stehlen Plündern Wuchern und Hamstern
Der Staat ist zum Einschreiten nicht geneigt

In Supermärkten sind Regale öfters leer
Zentnerweise Reis Nudeln und auch Soßen
Mehl und Fertiggerichte viele Dosen
LKW-Kolonnen schaffen alles wieder her

Hoch ist die Begierde nach dem Klopapier
Zu was man so viel braucht verwundert sehr
Nach Hause wird es gefahren palettenweise
So mancher fragt wer kann so viel scheißen

Der Pandemie schnellstens Herr zu werden
Müssen Solidarität Vernunft und Einsicht her
Allein daraus schöpfen Menschen Kraft
die aus Ängsten endlich Hoffnung macht

So wie es einst unsere Ahnen hielten
In bitterer Not Zerstörung und Kriegen
Ihr Schicksal trugen sie mit viel Geduld
Fragten nicht nach Warum und Schuld

Schützt euch bleibt zu Hause Leute
Lebt gesund und wascht oft die Hände
Stets haltet Abstand auch zu Freunden
Übern Gartenzaun ein Gruß tuts auch

Sehnsucht nach Sophia

So manche Nacht habe ich geträumt
Sophia sei mir zugereist
Von Gestalt wunderschön
Tausendmal schöner ihr Geist

Sei geduldig riet sie mir im Traum
Weisheit kannst du nicht fangen
Nicht auf einem Marktplatz kaufen
Nur mit Geduld zu ihr gelangen

Das geschah vor vielen langen Jahren
Habe viel gearbeitet und gelernt
Und musste bitter erfahren
Die erhoffte Weisheit ist noch fern

Endlich habe ich es verstanden
Mir fehlt noch die Bescheidenheit
Dass ich nach Weisheit nimmer frage
Für Gemeinschaft nutze alle Zeit

Heimkehrer

Heimkehr dieses Wort klingt gut
Viele Leute bringt es auch in Wut
Im fremden Lande arg geschunden
Am Leben zwar doch viele Wunden
An Körper Geist und auch der Seele
Gezeichnet für das ganze Leben

Vom Menschen der er früher war
Nur ein Wrack ist noch geblieben
Kettenraucher Drogen und Alkohol
Das Wenige das ihm noch frommt
Zum Invaliden ward er geschrieben
Seine Rente minimal

Nicht zu reden von Soldaten
Die tot im Sarg nach Hause kamen
Zurückgelassen auf dem Schlachtfeld
In der Heimat gefeiert als Held
Das alles ist des Soldaten Lohn
Bei Licht besehen purer böser Hohn

Was hat Soldaten stets getrieben
In fernes fremdes Land zu ziehen
Bewaffnet zu kämpfen und zu morden
Wer rüstete und befahl die Kohorten
Regierungen beschlossen das gerne
Im Hintergrund Interessen der Konzerne

Geheimdienstler und auch Ideologen
Die Bevölkerung schnöde betrogen
Mit Lügen zogen sie in fremdes Land
Auf Kriegserklärung meist verzichtet
Vor lauter Lügen strotzten die Berichte
Bis schmählich der Krieg ein Ende fand

Menschenleer

Menschenleer sind Parks Plätze und die Straßen
Ebenso wie Cafe's Kirchen und Restaurants
Stadien und Sportpaläste gleichermaßen
Niemand besucht mehr Senioren und die Kranken

Wie glücklich müssen jetzt die Tiere sein
Grenzenlos wandern Hirsch Reh Fuchs und Schwein
Noch freier können Rabe Spatz und Reiher fliegen
Und Hummeln Bienen sich im Blumenbeet vergnügen

Meine Lieblingsbank steht an des Waldes Rand
Mit einer Dose Vogelfutter steig ich hinan
Eine Amsel tippelt zu mir heran ganz dicht
Von der Corona - Abstandsregel weiß sie nichts

Überflüssig

Konservierungsstoffe und Geschmacksverstärker
An meinem Essen machen Ärger
Vitaminpillen an Obst und Gemüse statt
Die habe ich lange Zeit schon satt
Plastikverpackung jeder Art und Sorte
Verseucht die Welt vom Süden bis zum Norden
Holzschutzmittel in meinem Haus
Töten Menschen Holzwurm und Maus
Massentierhaltung Billigfleisch und Milch
Pestizide im Garten und auf dem Feld
Viel lieber esse ich Bio für mein Geld
Gülle im Fluss im See und in der Wasserleitung
Ist Gift für Natur und Speisezubereitung
Raser auf Straßen und der Autobahn
Beendet endlich diesen Wahn
Feinstaub und Fahrzeugstau - ein Wahn
Ich fahre lieber mit der Bahn
Kohlestrom und Mondlandschaft der Tagebaue
Milliardengeschenke an Großkonzerne
Verbrennungsmotoren mit CO_2
So verpasst man Zukunft eins-zwei-drei
Tabak Alkohol und Drogen
Erzeugen die höchsten Gesundheitskosten
Politikberater in allen Sparten
So kann Demokratie nicht gut geraten
Das alles ist *überflüssig*

Augenmaß

Man fragt mich oft was ist ein Augenmaß
Ein Band oder Stab mit vielen Strichen
Oder eine Palette mit vielen Wägestücken
Oder das Sichtglas an einem großen Fass

Nichts von alledem ist's will ich meinen
Es ist gelernte Fähigkeit zu unterscheiden
Ein Urteil abzugeben in jeder Situation
Mit Sachlichkeit und Sinn für Proportion

Ein Handwerksmeister vom alten Schlag
Beweist uns diese Fähigkeit an jedem Tag
Dem Junggesellen sagt er ohne Wasserwaage
Deine Wand ist schief ganz ohne Frage

Schweißgebadet in der Küche steht der Koch
Und geduldig warten die Gäste auf ihr Mahl
Zutaten und Gewürze hat er in großer Zahl
Nach Gefühl würzt er dann schmeckt es doch

Der Maler steht an seiner Staffelei
Ganz akribisch teilt er die Leinwand ein
Daumen Hand und Unterarm dienen als Maß
Am Ende steht ein Kunstwerk bester Art

Eltern fragen wie soll ich entscheiden
Wie viel Spielzeug mehr Liebe oder Strenge
Wann ins Bett wie lang am PC verweilen
Noch ein Sport noch ein Hobby ist das gut
Freiheit in Feld und Flur wäre das besser
Das rechte Maß zu finden braucht viel Mut

Auch Politiker sehen sich vor der Frage
Wirtschaft und Soziales was zeigt die Waage
Erfahrung und Volksverbundenheit
Verbinden mit Gewissen und Weitsicht
Mit den Bürgern über alles diskutieren
Dann ist jedermann im Land zufrieden

Das einfache Leben

Nicht bloße Armut das einfache Leben
In Wahrheit eine hohe Kunst
Das kann nur ein Mensch verstehen
Der es lebt in Bescheidenheit und Tugend

Luxus Gold und Silber kennt es nicht
Nicht Perlen Elfenbein und Edelsteine
Automobile und Computer hat man keine
das ganze Leben Einfachheit Verzicht

Eine kleine Kate mehr braucht man nicht
Darin Menschen mit Haustieren wohnen
Offnes Feuer gibt Wärme Talg das Licht
Wasser von der Quelle holen

Die es kennen wissen man kann so leben
Sicher zwar - nicht üppig noch bequem
Nahrung kann Natur uns geben
Täglich Obst Gemüse Kräuter angenehm

Verwöhnten Reichen wird es nicht behagen
So zu leben - nennens schnöde Mangel
Könnten das keinen Tag ertragen
Angewidert ziehen von dannen

Glücklich wer einfaches Leben liebt
Natur bewahrt seit frühester Jugend
Mit Lust und Freude seinen Acker pflügt
Denn wahres Glück entsteht aus Tugend

Virus Fremdwort

Fremdwörter zu gebrauchen ist nicht neu
Zu allen Zeiten fand man das schick
Auch für mich war das einstmals toll
Wenn Mutter sagte *retour* statt *zurück*

Chaiselongue *Visage Trottoir*
Barriere Portemonnaie Pissoir
Im Eiscafé saßen wir uns *vis-à-vis*
Weil das schön französisch klingt

In der Schulzeit ging das so weiter
Wir lernten Russisch Französisch
Englisch und ein wenig auch Latein
Das ging in Sprachgewohnheiten ein

In natura konnt' auch heißen *nackt*
Noblesse oblige mahnte Anstand an
Okay hieß ich bin einverstanden
Coram publico vor dem Volk dem ganzen

Moderne *Sprech's* sind ganz verrückt
Auch die Sechsenschreiber sind verzückt
Wenn Alltagssprache ihr Niveau verliert
Und das keinen Lehrer interessiert

Facility manager der Hausmeister heißt
Meeting point Tratsch an der Straßenecke
Feeling sagt nur wer Gefühl nicht kennt
Lockdown shutdown es geht nichts mehr
Home scooling bleib daheim lern allein
Sprachkultur? Nein dummes Kauderwelsch

Es sind Unarten gemeiner Lümmel
Die Sprache der Dichter zu verstümmeln
Und unserer Mütter Sprache zu entehren
Beginnen wir endlich uns zu wehren

Gemeinsamkeit

Gemeinsamkeit ist ein Herzenswunsch
Der sich zu oft nur schwer erfüllt
Für den Einsamen der Hilfe braucht
Täglich den Mangel schmerzhaft fühlt

Zu Viele leben in der Stadt allein
Als Mieter in einem riesengroßen Haus
In grenzenlosem Meer aus Glas und Stein
Viele Leute gehen täglich ein und aus

Sie gehen ihrer Arbeit nach Beamte
Schuhverkäufer Musiker oder Schreiner
Polizisten Bauarbeiter oder Schaffner
Und zum Feierabend sind sie alleine

Alle tragen sie das gleiche Los
Glauben das ließe sich nie ändern
Der Irrtum ist sie brauchten bloß
Sich ihren Nachbarn zu zu wenden

Im Fahrstuhl auf der Treppe grüßen
So mancher dreht sich einfach weg
Später wird nicht mehr abgewiesen
Die Freundlichkeit - es wird nett

Gemeinsamkeit kann sich gestalten
Schritt für Schritt mit Beistand
Hilfe Fürsorge und Unterhaltung
Humor gibt der Freundschaft Halt

Nun hat Einsamkeit einen neuen Zweck
Nachdenken Besinnung und Meditation
Bringen den Gemeinsinn stets zurück
Ruhe und Wohlbefinden sind der Lohn

Menschen und Beben

Manchmal durchzieht ein Beben die Brust
Auch Kopf und Bauch und alle Glieder
Nicht Erdbeben sondern seelischer Frust
Der Menschen belastet immer wieder

Schwere Krankheit Trennung oder Tod
Liebeskummer Herzeleid und arbeitslos
Und viele andere Sorgen können sein
Die auf den Menschen schlagen ein

Noch mehr als ganz private Beben
Gibt es solche die die Welt verheeren
Erdbeben Sturm Flut und Feuersbrunst
Krise Krieg Hungersnot und Putsch

Schlagend kommen sie und mit Gebrüll
Oder schleichend und unheimlich still
Ein Seismograph kann nützlich sein
Auch kluge Menschen und ihr Feingefühl

Jeder muss tun was er am besten kann
Und was kann der Dichter - Signale erkennen
Und verstehen Trost und Zuversicht zu spenden
Mut machen Wege zeigen und Hilfe bieten an

Der ideale Ort

Wie ich den liebsten Ort auch nenne
Idylle Elysium Paradies Garten Eden
Stets fühle ich Zweifel in meiner Brust
Wo ist der beste Ort der Freude und Lust
Grußbotschaften aus aller Welt die zeigen
Wo Menschen gerne leben oder im Urlaub reisen

Leben in einer Stadt ob groß oder klein
Eine laut und schmutzig die andere piekfein
Oder einem Dorf mit Nachbarn und Vereinen
Oder gar als Einsiedler von allem frei
Jeder glaubt dass es das Beste sei
Mit anderen tauschen will von ihnen keiner

Beim Urlaub ist die Palette noch weit größer
Maßlos größer sind Wünsche für künftige Reisen
Faul am warmen Strand oder im Pool verbringen
Das Urlaubsgeld in Kneipen und Bars vertrinken
Durch Museen Kirchen und Denkmäler hetzen
Mit Seilschaften auf die höchsten Berge klettern
In Kanugruppe durch schönste Flusstäler paddeln
Täglich durch Landschaften und Dörfer radeln
Auf Safari Menschenaffen in die Augen sehen
Für eine Weile mit Amazonas-Indianern leben
Im fernen Sibirien am schönen Baikal angeln
Über den Sambesi an einem Seile hangeln
Bei Wind und Wetter durch Patagonien pilgern
In den Hochkarpaten auf Bärenspuren pirschen

Auf Goethes Spuren Italiens Vulkane besteigen
Beim Rodeo auf ungezähmten Pferden reiten
Und noch viel viel mehr
Die Liebe für bereiste Orte ist unbegrenzt

Den einen Ort den *alle* Menschen lieben
Und Erfüllung finden den gibt es nicht
Mein idealer Ort ist wo *alle* glücklich sind
Mein Schatz unsere Kinder und auch ich

Geschwister

Als das Land wieder einmal am Boden liegt
Nicht allein das unsere - nein die ganze Welt
Treibt mit dem ersten schönen Sonnenstrahl
Aus Asche ein Pflänzlein ans Himmelszelt

Menschen die das Pflänzchen sehen
Eilen sorgsam es zu pflegen
Das Pflänzchen hat auch einen Namen
Kunst sie ist wichtig für das Leben

Überstandner Grausamkeit Elend und Not
Zum Trotz tanzen Leute jetzt im Reigen
Spielen Theater singen solo und im Chor
In Dörfern öffnen kleine Büchereien

Es braucht nicht viel so etwas zu tun
Nur etwas Tatkraft Freude und Lust
Menschen den gebeutelten gibt das viel
Zuversicht und Mut ein neues Lebensgefühl

Aus Kraft der Kunst und Fleiß der Menschen
Werden Not und Mangel bald schon enden
Wieder Bildung und Wirtschaft gedeihen
Und Wohlstand wächst wie zu keinen Zeiten

Bald wird vergessen was wir Kunst verdanken
Da kommen Leute die wollen wieder Kriege
Für immer und ewig müsste man sie verbannen
Und alle Schwerter zu Pflugscharen schmieden

Ich wünsch das jedermann fühlt geschwind
Kunst und Gesellschaft Geschwister sind
Allen Menschen ob groß oder klein
Ob Politiker oder normaler Bürger
Schreibe dick ich ins Stammbuch ein
Keiner kann für sich allein bestehen
Geschwister sollen Wege gemeinsam gehen

Ein guter Tag

Ein glücklicher Moment zu hören *Guten Tag!*
Ist Gruß und Wunsch zugleich wie ich es mag
Wäre er leere Floskel könnt ich ihn entbehren
Würde ihn erwidern und Banalitäten überhören

Des Grußes Freundlichkeit beflügelt mein Wesen
Spornt mich zur Arbeit an und auch zum Denken
Zur Tätigkeit muss mich niemand zwingen
Und Schaffensfreude wächst ich könnte singen

Noch ist früher Morgen die Arbeit fängt erst an
Knifflige Probleme lösen viel Mühe und Schweiß
Muss ich bewältigen bis den Tag ich loben kann
Doch werde ich es schaffen bis der Tag sich neigt

Den Erfolg des Tages bestimmt Arbeit nicht allein
Gute Planung Liebe zum Detail bringen Freude ein
Freude die entsteht aus Freundschaft und Harmonie
Endlich kann ich sagen dieser Tag war gut wie nie

Gieriges Federvieh

Zur Erntezeit ein großer Korntransport
Unablässig rieseln Körner auf die Straße
Eine Hühnerschar (hungrig) folgt dem Wagen
Gierig pickend bis zum nächsten Ort

Ein Nachbar hat den Vorgang observiert
Den Hühnerfreund schnell informiert
Schlimmes zu verhindern geht der los
Doch das halbe Hühnervolk ist tot

Das Völkchen vom Laster überfahren
Das Fahrzeug hält so schnell nicht an
Übrig sind drei Hühner und der Hahn
Die vom Hühnervolk noch übrig waren

Für alle Menschen und jegliches Getier
ist äußerst schädlich maßlose Gier
Perdu gehn Vorsicht und Aufmerksamkeit
manchmal auch das Leben vor der Zeit

Besinnung und Wandel

Schlimmer als es ein Weltkrieg kann
Zieht Corona über die Menschheit her
Nicht nur im schönen deutschen Land
In aller Welt leiden Menschen sehr

Alte Leute leben oft in Einsamkeit
Die Lieben sind verzogen in ferne Region
Für Besuche gibt es keine Möglichkeit
Wichtiger ist jetzt Schutz vor Infektion

Gasthäuser und Läden sind geschlossen
Stillgelegt sind Büro Schule und Fabrik
Ihren Arbeitsplatz haben viele schon verloren
Arbeiten und lernen daheim am Stubentisch

Besonders schlimm steht's in armen Ländern
Wo wenig Krankenhäuser Ärzte Pfleger sind
Wo hilflos zu abertausenden sterben Kranke
Die Korruption den Menschen alles nimmt

Doch was ist in den reichen USA passiert
Der *klügste* aller Präsidenten hat versagt
Hat gezögert und Gefahren schnöde ignoriert
Bulldozer verscharren Tode im Massengrab

Auch der größte Spuk geht irgendwann vorbei
Schaun wir vorwärts was wird aus dieser Welt
Fest steht es wird nicht mehr die gleiche sein
Was tun sie zu bessern dass sie noch lange hält

Sie scharren mit den Hufen die sie verdarben
Mit hemmungslosem *schneller höher weiter*
Gnadenlos wollen sie es so weiter treiben
Und schlagen der Welt tiefe Wunden und Narben

Die Sünden der Vergangenheit gilt es aufzuklären
Da sonst Sorgen Nöte und Opfer vergeblich wären
Besinnung ist wichtig und partout viel wert
Wenn man den Wandel mit aller Konsequenz begehrt

Viel Kraft und Mut sind künftig aufzubringen
Den Sieg des Wandels weltweit zu erzwingen
Ewig Gestrige geben nicht freiwillig nach
Die Allianz der Nachhaltigkeit braucht Macht

Die Welt gehört uns allen besonders Kindern
Alle sollen entscheiden wie sie aussehen wird
Entschleunigen gelassen sein gibt neue Kraft
Und Weisheit womit man besseres Leben schafft

Omas Gesundheit

Oben im Häuschen am Waldessaum
Wohnt Maria bei Enkeln sehr beliebt
Die Enkel sie gern besuchen
Da es es zum Tee den besten Kuchen gibt

Oma Maria schwört auf Kräutlein zart
Braucht sie zum Trocknen Kochen Backen
Oft sieht man sie die Kräuter hacken
Pestos und Tees hat sie fürs ganze Jahr

Was sollen die teuren Tabletten
Ruft sie bei jeder Krankheit aus
Die helfen nicht und schmecken grässlich
Wie Steine liegen sie im Bauch

Da lob ich mir die feinen Kräutlein
Die ich im Garten und im Walde find'
Kräuter würzen alle meine Speisen
Halten Leib und Seele mir gesund

Die Scharte

In dunkler Nacht am Lagerfeuer
Ein Ritter flucht ganz ungeheuer
Eine tiefe Scharte hat sein Schwert
Mit Stein wetzt er und müht sich sehr

Der Ritter heißt uns denken
Eine Redewendung unserer Zeit
Du hast eine Scharte auszuwetzen
Das heißt mach das wieder heil

Die Redewendung ein Dilemma ist
Da die Scharte nie beglichen
Wird einfach ausgeschliffen
Man Fehler selten nur vergisst

Der Ritter achtet auf sein Schwert
Weiß das ist ihm sein Leben wert
So sollte jeder sorgsam achten
Möglichst wenig Fehler machen

Dummheit

Oft da ich sinnend in meinem Garten sitz
Denke wer größter Feind des Menschen sei
Mit Fug und Recht fällt mir dann ein
Dass dies der Herrschenden Dummheit ist

Alle Menschen stehen bei mir in hohen Ehren
Keine Rolle spielen Bildung oder Position
Leute die Schlechtes tun und damit prahlen
Soll schnellstens der Teufel holen

Damit ist klar Dummheit die ich meine
Sie heißt Überheblichkeit und Arroganz
Die sich halten für besonders weise
Und sind dümmer als die dümmste Gans

Quälende Fragen hört man täglich
    Warum steht Geld über Menschlichkeit
      Und Familien leiden unter dem Kommerz
    Warum werden nicht alle gleich behandelt
      Und warum gibt es so viel Hass
    Weltanschauungen Religionen gibt es viele
      Warum gibt es ihretwegen so oft Kriege
    Warum sind Frau und Mann nicht gleich gestellt
      Gibt nicht für gleiche Arbeit gleiches Geld
    Warum will die reiche Welt sich nicht erbarmen
      Den Hunger zu stillen der vielen Armen
    Warum das Gegeneinander auf Messers Schneide
      Wäre mit Kooperation nicht das Leben leichter

Die Antworten sind klar ganz simpler Natur
Doch wer ist dagegen und wer dafür
Schon die Fragen sind Herrschenden suspekt
Werden auf Überfluss nie verzichten
Verwehren den Völkern den Respekt
Der Mensch muss ändern die Geschichte

Die Banalitätenschleuder

Viele Worte wenig sagen
Das ärgert beinah jedermann
Man hört sich gerne reden
Auf den Inhalt kommt's nicht an

Leute die das intensiv betreiben
Uns mit Plattheit bombardieren
Oft Banalitätenschleuder genannt
Alles was sie können ist banal

Bei den einen angeboren
Bei anderen Berufskrankheit
Beide will ich gar nicht hören -
Ohne mich nein tut mir leid

Hör im Gespräch ich solch Geplapper
Platzt es frisch aus mir heraus
Sag mir einfach was du willst
Oder schweige halt die Klappe!

Lebensspuren

Menschen hinterlassen Spuren
Beredte Zeugnisse ihres Lebens
Von Geburt an bis sie sterben
Spuren sind auch die Gebeine

Viele Spuren sind sehr flüchtig
Werden flugs vom Wind verweht
Andere Spuren sind beständig
Über Jahrtausende bis sie vergehn

Was wird aus meinen Spuren werden
Bin kein Held und kein Erfinder
Kein Feldherr in blutiger Schlacht
Habe meine Arbeit immer brav gemacht

Bin nicht reich eher bescheiden
Schlag mit Reimen mich durchs Leben
Wird dies Gedicht ein Forscher finden
Ahnt er nicht wie ich mich schinde

Wenn ich ein Held wär

Wenn ich ein Held wär und allmächtig
Wären Selbstsucht und Habgier unbekannt
Dafür Solidarität und gute Nachbarschaft
Für den Umgang die gebräuchliche Art
Würde ich das Elend in der Welt beenden
Kein Mensch müsste hungern oder frieren
Noch Gesundheit und Bildung je entbehren
Wären Kriege längst Vergangenheit
Waffen die zu morden allein geschaffen
Könnten verwundert im Museum wir beschauen
Gäbe es eignes Recht für Tiere und Pflanzen
Natur könnte gedeihen wie es ihr gefällt
Kein Mensch würde mehr dem Klima schaden
Allein Natur fühlt was tut gut der Welt

Ja wenn ich ein großer Held wär -
Leider bin ich das nicht
Sage nur was sich ändern soll
Darum schrieb ich dies Gedicht

Offen

Mit offenen Augen
    Kannst du Gefahren sehen
Mit offenen Ohren
    Lernst du Menschen verstehen
Mit offenem Herzen
    Gewinnst du Freunde
Mit offenen Sinnen
    Erkennst du die ganze Welt
Mit offenen Gefühlen
    Ist die Liebe nicht mehr weit

Traum und Schlaf

Pausenlose Besprechungen Konferenzen
Turbulenter Tag vom Anfang bis Ende
Gedanken offne Fragen gehen mit zu Bett
Varianten Konstrukte Thesen bedeutungsschwer
An Schlaf wie so oft nicht zu denken

Ich atme tief will mich entspannen
Aber Gedanken spielen rastlos weiter
Augen drehen nach oben Lider werden schwer
Träum ich schon oder wach ich noch
Ich weiß es nicht weiß gar nichts mehr

Sonne und Vögel wecken mich
Ausgeschlafen nein
Schwerer Kopf darin die Lösung - endlich!
Ist was möglich am Ende wahr

Der Weismacher

Weismacher erkenn ich schon von Weitem
Machen Leuten glauben was nicht stimmt
Stets beschäftigt Lügen zu verbreiten
Haben mit Wahrheit nichts im Sinn

Tätig in vielen Branchen
Wo er Zuhörer und Leser findet
    Als Werbemensch für Ramsch und Waren
    Schreibt tollste Geschichten vom Boulevard
    Bietet Wundermittel feil auf dem Basar
    Verkauft bei eBay Sachen die er nicht hat
    Betrügt alte Menschen um das Ersparte
        und
    Wirbt für Populisten der schlimmsten Art

Alle Leute muss ich warnen
Fallt auf dieses Pack nicht rein
Denkt lasst euch nicht beschwatzen
Es bringt zum Schluss nur Pein

Im meinem Leben musste ich erfahren
Kein Weismacher macht weise den Narren

Respektlos

Frechheit siegt hör ich viele reden
Die respektlos nach vorne drängen
Ganz ungeniert tun sie das täglich
Gute Manieren völlig fremd

Höflichkeit und Anstand nicht beachten
Mag manchmal nicht schlimm erscheinen
Diese Vögel sind zum Weinen
Die beständig Ärger machen

Hört Eheleute ob Frau ob Mann
Wo es an Achtung Rücksicht fehlt
Euer Egoismus maßlos quält
Innige Liebe nicht bestehen kann

Mancher Boss nimmt sich heraus
Behandelt Mitarbeiter nur wie Dreck
Rücksichtnahme er nicht kennt
Und wer sich wehrt der fliegt raus

Die Kunst muss die Freiheit haben
Soll Egoisten Egoisten nennen
Laut und deutlich soll sie sagen
Sie mögen sich nun endlich schämen

Ordnungssinn

Ein Kuckuck der ein Ei gelegt
Ein Fauler der den Gehsteig fegt
Ein Schüler der nicht ordentlich
Ein Lehrling der sehr liederlich
Ein Politiker der pflichtvergessen
Ein Zechpreller der nie Geld besessen
Ein Wolf der ein Schaf gerissen
Ein Bankrotteur der die Bank beschissen
Ein Hallodri der sein Geld versoffen
Ein Hochstapler der aufgeflogen
Ein Heiratsschwindler der der Neuen huldigt
Ein Vandale der die Miete schuldig
Sie alle gehn vom Platze
      Wie die Sau vom Trog

Abgrund

Felsplateau im Sachsenland
Abgrund steil und tief
Beginnt ganz dicht vor mir
Nicht Angst Umsicht ist angeraten
Für Bergsteiger das wahre Paradies
Fernsicht Wälder schroffe Felsen
Unten schlängelt sich die Elbe
Kontraste äußerst imposant

Vor anderem Abgrund stehe ich
Ein tiefes Loch von ungeheurer Größe
Ich höre gewaltiges Getöse
Von Bulldozern Baggern Dynamit
Diamanten für die reichen Schönen
Steinkohle die Luft zu verpesten
Und Erze für Kanonen und Panzer
Mit Abraumhalden wird Natur verschandelt
Ein Alptraum ich bin schweißgebadet
Eine Kugel blau der Erde ähnlich
Poltert in die Grube und zerschellt
Man muss beenden diesen Wahn
Denn tausende Gruben gibt es in der Welt

Abgrund ist der Klimawandel
Kann man diesen bremsen
Kohlen- und Stickoxide
Methan und andre Gase
Treiben ihn voran
Ursache ist der Wachstumswahn

Die kranke Sucht nach viel Profit
Mit weniger mit Bescheidenheit
Wäre ein wirklich großer Schritt getan
Mit *Weiter so* und Ignoranz
Ist der Absturz ganz gewiss

Auch großer Mächte Rüstungseifer
Die ganze Welt gefährdet
Feinde suchen Kriege treiben
So kann es nicht weiter gehen
Der Abgrund ist ganz nah
Wie oft könnt man die Welt vernichten
Mit Atomwaffen die schon da
Ein kleiner Zufall und wir sind hin
Ich erkenne einfach nicht den Sinn
Vertrauensbildung ist dringend nötig
Zu Abrüstung zwingt die Mächtigen
Zur Vernichtung der Schreckenswaffen
Ist es allerhöchste Zeit

Und was nun

Fast alle Räder stehen weltweit still
Weil ein kleiner Virus das so will
Winzig mit bloßem Auge nicht zu sehen
Doch wehe denen die das nicht verstehen

Das winzige Wesen macht uns krank
Vieltausend Menschen sterben daran
Keine Medikamente können bisher helfen
Nur mit Abstand dürfen wir uns treffen

Radikal hat das Leben sich verändert
Ob privat Arbeit Kultur und Sport
Stehen still oder fahren träge fort
Bleibt das so oder kommt Erlösung

Wie geht es weiter ist die Frage
Hoffnung erwächst aus richtigem Handeln
Familien genießen mehr Gemeinsamkeit
Für Unterhaltung bleibt viel Zeit

Erkenntnis wächst dass es anders geht
Nicht allein für die Arbeit leben wir
Nein wir wollen arbeiten um zu leben
Merkt euch gut Reiche vom Stamme *Gier*

Stetig drängeln sie geben niemals Ruhe
Politiker und Lobbyisten des Kommerz
Gegen Arbeitnehmerrechte Umweltschutz
Haben für Mensch und Natur kein Herz

Drum stell ich Fragen wie es weiter geht
Da das Menschenwohl auf dem Spiele steht
Soll das so bleiben
Schneller höher weiter
Muss man Profite maßlos steigern
Soll das so bleiben
Stets verfügbar und flexibel
nicht vereinbar Beruf und Familie
Soll das so bleiben
Zu viele Lebensmittel und hinterm
Supermarkt die vollen Abfalltonnen
Soll das so bleiben
Billigfleisch - wässrig und geschmacksbefreit
Von Tieren die gequält und geschunden Pfui
Teufel!
Soll das so bleiben
Monokultur im Ackerbau Biozide schaden
Pflanzen Mensch und Tier Das geht anders!
Soll das so bleiben
Kohlen- Stickoxide in der Atmosphäre
Klimafolgen belasten unsere Erde
Soll das so bleiben
Plastik im Ozean Meerestiere sterben dran
Wer schreitet endlich ein
Soll das so bleiben
Verkehrschaos Tote und PS en gros
Freiheit für Verkehrsrowdys
Soll das so bleiben
Disproportion am Arbeitsmarkt Stellen fehlen
überall
Pflege Schulen Kindergärten Justiz und Polizei
Ist uns das so einerlei

Mitnichten darf das so bleiben
Änderung tut Not in dieser Welt
Wir wollen nicht nur Augen reiben
Ohne Einsicht gibt's kein Geld!

Verloren I

Der verlorene Groschen
Macht mich nicht wütend
Eine verlorene Wahrheit
Ist selten eine Lüge

Eine entwertete Aktie
Ist schade aber nur Frust
Ein verlorenes Spiel
Nimmt mir nicht die Lust

Ein Ziel wofür ich brenne
kann ich nicht verfehlen
Was ich kann und weiß
ist mir nicht zu nehmen

Leben - Wer gibts wer nimmts
Sage mir wo liegt der Sinn
Eben geboren hoffe auf viele Jahre
Sicher ist Ende auf der Bahre
Ist es verloren dann für ewig
Genommen hingegeben einfach weg

Warum hassen

Warum hassen
Und nicht lieben
Kann man es nicht lassen
Oder einfach ignorieren

Wem nutzt der Hass
Wem bringt er Schaden
Dem Hasser Stress
Und Geschwüre im Magen

Freundschaft und Liebe
Machen glücklich allein
Ohne sie bliebe
Uns nur Kummer und Pein

Gedankenfreiheit

Verzeih der du nicht bist
Dass ich dich ignoriere
Die Antenne habe ich nicht
Die mich zu dir führte

Den Menschen die dich glauben
War ich niemals gram
Stets waren sie mir Freunde
Sahen mir mein Denken nach

Meine Freunde lass ich wissen
Dass Gedankenfreiheit heilig ist
Wenn wir Geistesschranken überwinden
Wird die Welt gesunden

Grenze

Unstimmigkeit
  Vermutung
    Verdacht
      Unterstellung
        Verleumdung

Wann hält man ein
Wo ist die Grenze
Ausdruck großer Dummheit
Übel unserer Zeit

Beginn am Küchentisch
Am Stammtisch weiter
Recht hat immer
Der lauteste Schreier

Verbot ganz ohne Nutzen
Nötig ist Geduld
Aufzuklären die naiven
Irrungen unserer Zeit

Bedenkenträger

Das ist alles schon gefragt
Das wurde alles schon gesagt
   So redet wer ungern einen Fehler wagt

Das wurde alles schon gedacht
Das wurde alles schon vollbracht
   Hört man oft von Menschen
   Die den Fortschritt bremsen

Das ist nicht machbar
   Behauptet ein Abteilungsleiter
   Der den Erfolg dir neidet

Das ist nicht bezahlbar
   Lobbyisten und Minister nörgeln
   Die sich um ihre Pfründe sorgen

Alle Bedenkenträger sind Destruktive
Sie fürchten jegliche Initiative
Deren Taktiken sind altbekannt
Werden immer wieder angewandt

Halte durch und sei ganz stark
Deine Gegner reden nur Quark
Mit Geduld und Überzeugungskraft
Hast du bald dein Ziel geschafft

Sternschnuppenwünsche

Sternenklare Sommernacht
Luft sehr warm und schwül
Wälzen schwitzen Bett zerwühlen
An Schlaf nicht zu denken
Und seit Stunden wach
Lass Gedanken ihren Lauf
Lassen sich nicht lenken
Fenster ganz weit offen
Grillen zirpen laut
Glühwürmchen sind besoffen
Fledermäuse schnell vorbei
Dazwischen schnelle Spuren
Manche sogar mit Schweif
Sternschnuppen haben Konjunktur -
Ist da nicht die Tradition
Schnuppen Wünsche anzutragen
Kann man auf die Macht
Rasender Meteore bauen

Die Mächtigen sollen weise werden
Dem Heil der Völker zugewandt
Frieden soll sein auf Erden
Menschen all im jedem Land
Einander gute Freunde sein

Jeder Mensch soll lieben
Was die Natur uns schenkt
Und Überall das Leben schützen
Wohin er auch die Schritte lenkt
Lasst uns all das Gute wahren
Was von den Ahnen wir ererbt
Das ganze Wissen und die Tugend
In die Hände geben unsrer Jugend

Zeit zu lernen

Wenn
      Die Köchin emsig kocht
      Der Schmied täglich Eisen schlägt
      Der Geiger fleißig übt
      Der Tischler häufig hobelt
      Die Sängerin allzeit Stimme pflegt
      Der Pastor sehr viel betet
dann werden sie es sicher lernen

Metamorphose II

Vom Kotflügel zum Grabhügel
Der Sprung ist gar nicht weit
Der Kotflügel eines Super - Benz
Und BMW ein Wahnsinns - Rennen

Zwei dumme Jungs gerade Zwanzig
Messen sich in der Stadt
Dürften fünfzig sie fahren
Über zweihundert sinds - anstatt

Ein kleiner Junge ohne Chance
Wird geschleudert zwanzig Meter
Der Kotflügel nur verbeult
Der Junge liegt tot im Grase

Vom Kotflügel zum Grabhügel
Der Sprung ist gar nicht weit

Ewige Flucht

Was ist das für ein Leben
Ewig kleinsten Dingen fliehen
Niemals nach Höherem streben
Ausweichen allen Mühen
Als Kind schon warst du feige
Mit anderen Kindern raufen
Oder um die Wette laufen
Du standest immer an der Seite
Vieles probiertest du mal aus
Dachtest du kämst groß raus
Zu Ende hast du nichts gebracht
Merktest dass es Arbeit macht
Pferdesport hast du geschmissen
Tierpflege Stall ausmisten
Dafür warst du zu fein
Ein Klavier stand schon rum
Doch üben war dir zu dumm
Geige Cello hast du versucht
Und beides bald verflucht
Schuljahre sich zum Ende neigen
Was sie brachten wird sich zeigen
Mittelmaß nur ist dein Zeugnis
Welchen Beruf soll man ergreifen
Lehren hast du drei mal angefangen
Und ganz schnell wieder abgegangen
Mit dreißig dann endlich ein Job
Da setzte sich das Drama fort

Die Arbeit hast du nicht erfunden
Auch Fleiß und Sorgfalt nicht
Und drehtest immer neue Runden
Job Arbeitsamt und auch Gericht

Jetzt im Alter angekommen
Deine Rente leider mager
Da hilft kein Bitten und kein Jammern
Warst drei mal ehelich liiert
Auf Ehepflichten Liebe Treue
Kinderfreuden nicht trainiert
Weniger noch auf Geselligkeit
Ehrenamt und Freizeitspaß
Viel Schönes ist dir entgangen
Schade es war ein armes Leben

Denkmale

An jedem Denkmal bleib ich stehen
Schau von vorne hinten und Seiten
Lese die Inschrift aufmerksam
Manchmal könnt ich lange
Davor stehen bleiben
Satt sehe kann ich mich nicht
Und immer hab ich viele Fragen

Musiker Maler und Dichter
Forscher und Wissenschaftler
Machten die Menschheit reich
Schufen gewaltiges Wissen
Das wir mehren und bewahren müssen
Oftmals waren die Stifter geizig
Tafel oder Büste sollte reichen
Was schließlich sollte werden
Wenn man die wie Könige ehrte

Herrscher mit Größe und viel Pomp
Die Statuen betracht ich skeptisch
Manchen Menschen sind sie wichtig
Im Stadtbild gehören sie dazu
Ich könnt gern darauf verzichten

Kolonialbeamte und Diktatoren
Aus grässlichen Kriegen die Schlächter
Riesige Monumente ließ man bauen
Sie zu ehren
Die niemals Erbarmen kannten

Aufklärung ist bitter nötig
Lasst nicht zu das Vergessen
Des Grauens und der Übeltaten
Dass mit Heuchelei und Lügen
Die Täter zu Helden werden
Ihre Denkmale zerstört sie nicht
Postum die Geschichte selbst
Stellt die Übeltäter vor Gericht

Gedanken zur Nacht

Blau die Nacht fast schwarz
Der Himmel voller Sterne
Leuchten gülden und Sternennebel weiß
Vollmond wandert zwischen Wolken
Luft ist rein Wind säuselt in Bäumen
Die Nacht sie könnt nicht schöner sein
Nur der Schlaf macht sich heut rar
Weißt nicht sinds Träume oder Schlaf
Seit Tagen bewegt dich ein Gedanke
Jetzt zur Nacht ist er wieder da
Nach Lösung verlangt er unerbittlich
Lass nicht zu dass er dich so quält
Nimm ihn auf und sprich mit ihm
Wie ein Bäcker den Brotteig knetet
Knete du den lästigen Gedanken
Sein Herr musst du werden
Dann ist die Lösung dein
Verlass dein Bett und schreibe
Vertrau dem Papier das Resultat
Erlöst kannst du zum Bette eilen
Schließ die Lider atme tief
Augäpfel bald nach hinten rollen
Morpheus trägt dich auf dem Arm
Bunte Blätter treiben im Wind
Süßer Traum bis zum Morgen
Liegst im Kissen wie ein Kind
Aufgewacht gehst du an die Arbeit
Gut erholt und frohen Mutes
Die Lösung liegt schon bereit

Pandemie

Gefahr liegt in der Luft
Bedrohlich und sehr nah
Wie zuzeiten Pest Cholera
Und die spanische Grippe
Ein Gefühl von dem Gerippe
Mit Stundenglas und Hippe
Mein Auge kann sie nicht sehen
Die Krankheit die ganz real
Wen sie erfasst
Den reißt sie völlig nieder
Oder stirbt unsäglicher Qual
Viele Menschen sind betroffen
Ausgenommen kein Land der Welt
Corona verbreitet rasend schnell
Leider fehlt bisher das Mittel
Das sie uns vom Halse hält
Gefahren aus dem Weg zu gehen
Sind wir nicht auf der Welt
Anforderungen anzunehmen
Mit Tatkraft und Verstand
Prüfungen zu bestehen
Ist was uns zusammen hält
Ich halt es wie all die Klugen
Übe Vorsicht wo ich auch bin
Halte Abstand zu allen Leuten
Schütze mich das hat Sinn

Ständig spür ich es im Genicke
Diese Krankheit ist real
Unglück und große Pein
Unsere Welt ist aus den Fugen
Das liegt an Corona nicht allein

Was ich fürchte

Teufel Kobolde Hexen Elfen Nixen
Nein sie alle fürcht ich nicht
Auch nicht eines Gottes Strafe
Berichte über üble Geister
Kenn ich ausnahmslos aus Sagen

Flutkatastrophe Unwetter Murgang
Trockenheit und Pandemie
Kann man fürchten aber Angst
War niemals Abwehrstrategie

Vorsorge absolutes Muss
Und tritt die Katastrophe ein
Hilft Solidarität bis zum Schluss
Überlegtes Handeln aus der Pein

Dummheit unsrer Gattung Mensch
Ist meine allergrößte Furcht
    Autofahrer unter Alkohol und Drogen
    Speed-Kiddies die durch Straßen toben
    Manager die Natur ruinieren
    Und Korrupte Politiker die es tolerieren
Das verhindern und nicht zu dulden
Ist was wir uns selber schulden

Nicht der rechte Ort

Hektisch und sehr ungesund
In der Großstadt zu Leben
Zudem gefährlich und
Wie Las Vegas teuer

Was zieht Leute all dahin
Wo nur liegt der Sinn
Jeder erträumter Vorteil
Ist Täuschung purer Schein

Karriere wollen alle machen
Wer daran glaubt ist blind
Ich muss darüber heftig lachen
Die besten Posten vergeben sind
Hohe Gehälter eine Farce
An Miethaie fallen sie zum Fraß
All die begehrten Waren zu teuer
Was noch übrig bleibt zum heulen
Mit Auto zur Arbeit düsen
Täglich eine schwere Prüfung
Rash hour geht auf die Nerven
Hupkonzert von allen Seiten
Parkplatzsuche halbe Stunde
Erfolg nach der dritten Runde
Frühs eine Beule Verursacher weg
Anzeige Nachsuche ohne Zweck

Hektisch ungesund das Großstadtleben
Aber auch gefährlich
Überzogen das Aufwärtsstreben
Höher weiter schneller
Und die Folgen ganz natürlich
Werden immer immer schlimmer

Der Verkehr wird unerträglich
Straßenquerung tötet Kinder
Feinstaub dringt durch alle Poren
Lungen werden krank
Gesunder Schlaf bei offnem Fenster
Geht nicht wegen des Gestanks
Dazu noch Lärm so vieler Autos
Der dich nachts nicht schlafen lässt
Macht unleidlich und nervös
Verbrechen macht sich breit
Großfamilien machen Kasse
Öfter wird geschossen
Wo du wohnst in deiner Straße
Bist du allein und brauchst Hilfe
Vom Nachbarn nebenan
Dessen Tür leider ist verschlossen
Was geht deine Not ihn an
Die Pandemie ist angekommen
In dieser großen Stadt
Bist du selbst noch nicht betroffen
Dann bestimmt am nächsten Tag

Bist du müde dieses Lebens
Im gefräßigen Moloch Stadt
Zieh in eine Kleinstadt
oder besser noch aufs Land
Hier bist du willkommen
Findest in Gemeinschaft Platz
Genieße Ruhe und die Luft
Deine Gesundheit sagt dir Dank

Zu ziehen in eine Großstadt liebe Leute
      NEIN
Ich bin nicht des Wahnsinns fette Beute

Lebenstraum

Ich bau aus Worten einen Garten
So grün und rot und blau
Und bau ihn gänzlich ohne Zaun
Wo ich liebe Menschen will erwarten

Viele Menschen sollen kommen
Sich der bunten Farben freuen
Und ihre Leidenschaft und Wonnen
Aufs Neue Tag für Tag befeuern

Ich bau ein Haus aus den Gedanken
Meiner Freunde von fern und nah
Schön anzusehen mit festem Stand
Kein Sturmwind lässt es wanken

Der Gäste viele sollen lenken
Ihre Schritte in dieses Haus
Menschlich weise sei ihr Denken
Viele andere Leute lernen draus

Ich bau eine Welt aus Liedern
Zum singen spielen tanzen
Zu einen alle Menschen wieder
Die entzweit zu lange waren

Ich träum ich wär mitten drin
In Völkerscharen schwarz gelb weiß
Die in trauter Gemeinsamkeit
Gutes schaffen und glücklich sind

Begierde I

Von dem was das Leben bietet
Gibt es erstaunlich viele Sachen
Wonach man eifersüchtig trachtet
Weil der Mensch bekannt als gierig

Was ist so wichtig für meine Leben
Dass ich alles alles dafür gebe
Gold Silber Edelsteine
Bin daran nicht interessiert
Eine Finka oder große Villa
Hab ich niemals anvisiert
Tolle Autos eine Luxusyacht
Was für Angeber nichts für mich
Reichtümer dieser und jener Art
Find ich schlichtweg fürchterlich

Alles was ich wirklich brauche
Kann man zum Glück nicht kaufen
Meine Familie gute Freunde
Sind mir lieb und teuer
Erinnerungen meines Lebens
Gefühle sind mir unentbehrlich
Talent Wissen und auch Ideen
Die mit den Jahren ich erwarb
Und dass Humor Frohsinn Empathie
Mir bis heute nie verdarb
Jeder Scheideweg kennt zwei Ziele
Verderben oder Glück

Ich selbst habe mich entschieden
Und der Weg führt nicht zurück
Meine große Begierde ist das Schreiben
Über dich dich dich ein bisschen mich
Darauf will ich mich bescheiden

Schrittmaß des Lebens

Gemessen sollen meine Schritte sein
Bei allem was ich tu und denke
Keine Hast und keine Bummelei
Egal wohin ich meine Schritte lenke

Wenn ich morgens mein Bett verlasse
Für meine Lieben alle glatt rasiert
Genieße mein Honigbrötchen und Kaffee
Bin noch nicht an Arbeit interessiert

Erst wenn all die Dinge sind getan
Die den Mann im Hause gehen an
Wege kehren Gemüsebeete jäten
Müll weg tragen Schürholz hacken
Hühner und Kaninchen füttern
Nun kann ich am Schreibtisch sitzen
Beim Schreiben meiner Texte schwitzen

Doch halte ein und nicht übertreiben
Es lohnt nicht schnell voran zu schreiten
Kann mein Gedicht heut nicht fertig sein
Morgen früh fällt mir viel mehr ein

Gehts dir schlecht bist vielleicht krank
Lass dir Zeit für Genesung und gib acht
Ruhe Geduld haben mich gesund gemacht
Und so soll es bleiben der Natur sei Dank

Unwirklich

Unwirklich
    Vor Gewittersturm das Licht
    Deine Gesten und dein Gesicht
    Fast jeder Wetterbericht
    Verschwörungstheoretiker spricht

An Manchem könnt ich mich vergnügen
Der letzte Rest ist einfach Lüge

Einfalt und Glück

Einfalt ist gewiss kein Makel
Auch wenn es manchmal scheint
Ich liebe Einfalt ohne Frage
Und schätze edle Einfachheit

Nur ganz wenige die vermögen
Kompliziertes klar zu sagen
Der Schwätzer schwülstige Reden
Ich bin geneigt sie zu vergeben

Edle Einfalt hat ganz ohne Frage
mit Kleingeist nichts gemein
Und ist im Gegenteil die Gabe
Zweifelnden den Weg zu zeigen

Weisheit und Glück zu finden
Ist der Menschen großes Sehnen
Und so kann man bald verstehen
Was Einfalt mit Glück verbindet

Schlimmes Jahr

Wie in jedem Jahr weckt Hoffnung der Advent
Verheißt süßeste Genüsse und tausend Freuden
Vorboten allbekannt für das Weihnachtsfest
In diesem Jahr kommt es anders als wir wollen

Weihnachten wird ein Fest der Einsamkeit
Kein fröhliches Familienfest bekannter Größe
Mit Rosinenstollen Gänsebraten und Klößen
Geschenketausch und unbeschwerter Heiterkeit

Alles wo wir uns treffen ist beschränkt
Auch im kleinsten Wohnraum ist Corona da
Bakterien und Viren kennen keine Grenzen
Wo sich viele Menschen treffen lauert die Gefahr

Schicken wir den Lieben besser einen Brief
Nicht SMS auch keine E-Mail nein handgeschrieben
Sagen ihnen wir haben ungemein euch alle lieb
Und treffen uns später gesund und fröhlich wieder

Vernünftige lassen hoffnungsvolle Vorsicht walten
Gedenken der Kriegszeit da wir noch nicht geboren
Als im Luftschutzbunker Hunderte ängstlich saßen
Um den Tannenbaum und jegliche Hoffnung verloren

Wir üben uns in Geduld und bleiben unversehrt
Schneller höher weiter beenden wir das böse Spiel
Reichtum mehren aus - Gemeinwohl das große Ziel
Und nehmen dankbar an was die Pandemie uns lehrt

Nahrung für Wissenshungrige

Opulent gefrühstückt
Bin ich doch hungrig
Und gar nicht glücklich
Nach neuem Wissen gierig
War ich schon als Kind
Wie alle aufgeweckten Kinder
Nach dem Neuen gierig sind
Ich wär ein großer Sünder
Würde ich vergessen
Dass für Menschen Wissen
Wichtiger ist als Essen
Neues suchen Neues finden
Neue gute Verse reimen
Brauch ich keine Gründe
Nur Papier zum Schreiben
Wissen dass wir nicht wissen
Sprachen Philosophen
Reizt zum Erforschen
Entferntester Regionen
Zielt auf Unendlichkeit
Am Ende wird man wissen
Alles oder nichts

Tödliches Risiko

Zweihundertfünfzig Pralinés
Alle in einer Kiste
Von erlesener Qualität
Eine davon ist vergiftet

Wer die *eine* isst stirbt
Welche die *eine* ist
Kann niemand erkennen
Alle gleichen sich
Wie das Huhn der Henne

Ein Schreihals kommt daher
Egal Längs Hoch oder Quer
Der sich einen -Denker nennt
Die Schule hat er verpennt

Das Gift sei nur gelogen
Und dass er Anspruch habe
Er fühlt sich arg betrogen
Will an Pralinés sich laben

Ich schenke ihm die Kiste
Bin ja schließlich nett
Weil er möchte spielen
Eine Art *Russisch Roulette*

Ahnungslos

Schaut in der Welt euch um
Überall gehen Populisten um
Schreien laut und schreien viel
Schießen immer übers Ziel

Scharen Anhänger um sich rum
Ein jeder hat sein Publikum
Wie ein Komet den Feuerschweif
Nicht so helle wie man weiß

Umgeben ihre lauten Meister
Wie eine Schicht aus Kleister
Skandieren brüllen und schreien
Dummheit Müll und dergleichen

Ahnungslos sind diese Leute
Wie schon früher so auch heute
An Verfolgungswahn erkrankt
Und anderweitig arg beschränkt

Was soll man mit diesen machen
Die sich nicht belehren lassen
Etwa weinen oder lieber lachen
Über den Mix: Dummheit und hassen

Die Gesellschaft muss entscheiden
Diesen Zustand ändern oder leiden
Wir fallen bald aus allen Wolken
Wenn Wut und Drohung Taten folgen

Lob der Zeit

Schwer sind deine Lider
Es schmerzen deine Glieder
Dein Tagwerk ist geschafft
Was du dir vorgenommen hast
Tageslicht der Nacht entflieht
Ist Feierabend wohl verdient
    Lobe den Tag
    Gleich ob man ihn mag
    Der mal kurz mal lang
    Manchmal macht er bang
    Immer ein Schritt zum Glück
    Stets vorwärts nie zurück

Unter dir knirscht Eis und Schnee
Es sagt das alte Jahr ade
Dieses Jahr war nicht leicht
Aber viel hast du erreicht
Schau auf dein Werk zurück
Genieße der Festtage Glück
    Lobe das Jahr
    Das schwer wie keines war
    Schweiß ist viel geflossen
    Hast manchen guten Tag genossen
    Strapazen Freuden die gewesen
    Du wirst sie nie vergessen

Oft gehorchen Hände nicht
Arg getrübt dein Augenlicht
Leute sagen der hört nicht mehr
Gehen fällt schon lange schwer
Weißt das Ende ist ganz nah
Denkst zurück was einmal war
    Lobe dein Leben
    Das in Liebe gegeben
    Zum unermüdlichen Schaffen
    Die Deinen glücklich machen
    Hart war deine tägliche Fron
    Weisheit der gerechte Lohn

Barbiere

Künstler sind sie die Barbiere
Die Tag für Tag mit geübter Hand
des Mannes Haupt frisieren
Der Ablauf ist weltbekannt
    Erst einseifen - dann rasieren
Ein geflügelt Wort - oft angewandt
Auf Jobsuche ist gewiss
Bewerbern wird nicht geglaubt
Verschweigen prahlen übertreiben
Mehr scheinen als man ist
    Erst einseifen - dann rasieren
Erlaubt ist was man glaubt

Vertreter sind besonders schlau
Kennen ihre Kunden ganz genau
Versprechen drücken schmeicheln
Schlürfen des Kunden Speichel
    Erst einseifen - dann rasieren
Kunde zahlt Vertreter ist zufrieden

Viele Barbiere werkeln in Parteien
Wahlen sind ihre hohe Zeit
Zu gewinnen viele Stimmen
Das Blaue versprechen vom Himmel
    Erst einseifen - dann rasieren
Erfolg - Es ist wieder Einsparzeit

Harakiri

Tu nicht was du nicht musst
Zu viel Gutes tun bringt Frust
Wenn Chefs Mitarbeiter nie ehren
Sind die Fleißigen entbehrlich

Ingenieur noch sehr jung
Besonders kreativ voller Schwung
Probleme lösen Kleinigkeit
Chef zufrieden und grinst breit
Der Junge forscht voll Elan
Und hat es bald geschafft
Baut Gerät das alles kann
Selbst des Ingenieurs Arbeit macht
Chef zufrieden und grinst breit
Zur Gehaltserhöhung nicht bereit

Der Junge hier nicht bleiben muss
Nimmt seinen Hut und sagt Tschüss
Wenn Chefs gute Leistung nie ehren
Sind die Fleißigen entbehrlich

Veränderung

Zum Wandel dich entschließen
Was alles nicht gefällt
Nicht übers Ziel zu schießen
Beginne bei dir selbst

Willst du jemand ändern
Der dir ein guter Freund
Bekenne eigene Fehler
Dein Lob wird ihn erfreun

Anerkennung ist ihm wichtig
Seine Fehler deute nur an
Er bewahrt gern sein Gesicht
Dein Lob bringt ihn voran

Deine Anerkennung sei herzlich
Gute Meinung tut ihm gut
Dein Tadel trifft ihn schmerzlich
Dein Vorschlag macht ihm Mut

Mit deiner Hilfe spielend leicht
Irrtümer Fehler sind Vergangenheit
Frust und Missmut sind zerronnen
Wahre Freundschaft hat gewonnen

Bilanz

Alle sind wir reif geworden
Alt zu sagen wär gemein
Nach dem Übermut stellt
Irgendwann Vernunft sich ein
Ingenieure Lehrer sind wir nun
Studienräte Forscher und Doktoren
Jugendlicher Übermut
Hat sich verloren

Aus alter Tradition
Lateinvokabeln nicht gelernt
Heimlich vom Unterricht entfernt
Ein Tadel ist der Lohn
Weinprobe in der Stunde
Flaschen machen die Runde
Vom Lehrer nicht erwischt
Der selber noch beschwipst
Und nach Schnaps und Bier gerochen
Dem er am Abend zugesprochen
Lernen bereitet oftmals Frust
Weil nach anderem steht der Sinn
Den Pennäler voller Liebeslust
Zieht es mehr zu Mädchen hin
Strenge Worte muss man hören
Lass dich von Liebe nicht betören
Sie bringt dich aus der Spur
Und du verpatzt dein Abitur

All das ist lange her
Diese Penne gibts nicht mehr
Humanistisches Gymnasium *out*
Tradition ward uns geklaut
Bildung erstickt in Bürokratie
Sieger bleibt die Idiotie

Worte wie Feuer

Autokraten

Ungeheure Macht
In einziger Hand
Knechtschaft für ein
ganzes Land
In brutaler Manier
Verfolgt sein Ziel
Viel Blut vergossen
Und Mütter Tränen flossen
Lakaien und Speichellecker
Aus Eigennutz hoben
Ihn den Blutbefleckten
Auf den Thron
In Einsamkeit er grübelt
Welche unsagbaren Übel
Er noch antun kann
Menschen die ihm untertan
Nachbarländer überzogen
Mit Bomben und Granaten
Ohne Hemmung ohne Gnade
Bis Einhalt wird geboten

Hitler und Mussolini
Mao und Stalin
Franco und Salazar
Pol Pot und al-Gaddafi
Alle sind Geschichte
Bald auch Putin findet
Seinen Richter

Empört euch!

Im Gedenken an den deutsch-französischen Diplomaten
Lyriker Essayisten und politischen Aktivisten

- Stephane Hessel

Mitinitiator und Mitgestalter der UNO-
Menschenrechtsdeklaration

Empört euch
  Wenn Faschisten sich verbreiten
        Mitbürger zu Hass verleiten
        Heimlich viele Waffen horden
        Imigranten Juden Politiker morden
        Blindheit auf dem rechten Auge
        Gegen *Rote Socken* hetzen
        Gleichschaltung von Links und Rechts
        Das kann für Demokratie nicht taugen

  Gegen die Gleichgültigkeit
        Die Armut stets vermehrt
        Der Gleichgültige verliert
        Die Menschlichkeit
        Und ist selten engagiert
        Die Menschenrechte sind betroffen
        Werden einfach ignoriert
        1948 schon beschlossen
        Sind bis heute nicht realisiert

Wenn Nichtstaatlichen Organisationen
Gemeinnützigkeit entzogen
Die doch kämpfen für die Demokratie
Und niemals ihre Kräfte schonen

Gegen die Ökonomie des Westens
Den Wahn dass mehr und immer mehr
Alleiniger Weg zum Fortschritt sei
Gegen Risiken die die Menschheit bedrohen
Und alle nachfolgenden Generationen
Helfen Gleichgewicht Ethik und Gerechtigkeit

Gegen klerikale Heuchelei
Die Priesterehen verbietet
Und pädophile Gewalttäter schützt
Opferschicksale sind den Herren gleich

Lasst uns lernen
Gewaltlos unsern Weg zu gehen
Weil Gewalt neue Gewalt gebiert
Das kann man weltweit sehen
Nur Frieden kann Gewalt beenden
Hass uns keinen Frieden schenken

Der Raubritter

Der Raubritter war einst eine Plage
Zog über die Lande alle Tage
Zu brandschatzen rauben und morden
Bauern und Kaufleute litten allerorten

Sie leben nicht mehr seit langer Zeit
Sagt die Legende - ohne Rüstung ohne Schwert
Mit teuersten Luxuskarossen kommt er nun daher
Und ist zur nächsten Schandtat stets bereit

Im feinsten Zwirn wird er gesehen
Und spielt gönnerhaft den honorigen Mäzen
Sitzt in Aufsichtsräten und nicht zu fassen
Greift er bei allen in die Kassen

Endlos steigen Grundstückspreise und Mieten
Wenn die Gelegenheit ihm sich bietet
Mit Wucherpreisen kann ein braver Mann nicht leben
Sollte es gesunde Städte nicht mehr geben

Die Steuern bleibt er häufig schuldig dem Staat
Leistet sich teure Anwälte für den Betrug
Wird reicher und reicher durch jede Missetat
Und bekommt trotz allem nie genug

Er fordert *freien Handel* wie die Politik verspricht
Nimmt ins Visier ganze Staaten und Regionen
Erpresster Gewinn geht über viele Millionen
Dass Millionen Menschen hungern kümmert ihn nicht

Für Gefälligkeiten zahlt er Politikern Geld
Schickt Lobbyisten und Handlanger in großer Zahl
Mit Parteispenden beeinflusst er jede Wahl
Und schickt dazu PR-Agenturen ins Feld

Sozialreformen hasst er Demokratie noch mehr
Nicht finanzierbar heißt wie immer seine Mär
Wo käme man hin würde das Volk mit regieren
Und könnte ein gutes Leben führen

Riesige Flächen Äcker eignet er sich an
Baut Monokulturen von der schlimmsten Sorte
Oder verpachtet an Bauern - mir fehlen die Worte -
Denn Pachtzinsen sind erdrückend die er verlangt

Das Preisdiktat das er als Händler praktiziert
Bringt alle Landwirte arg in Not
Ihn stört nicht wenn ein Bauer seinen Hof verliert
Mit großer Schuldenlast kämpft ums tägliche Brot

Der Bauer von jeher eng mit der Natur verbunden
Wird per Niedrigstpreis zu höchster Effizienz gezwungen
Großflächen Pestizide Massentierhaltung und Gülle
Sind aufgezwungen nicht des Bauern eigener Wille

Menschen haben genug von seinen Missetaten
Mich wunderts nicht das Leute öfter sagen
Dass er sogar den lieben Gott bescheisst
Nur frage ich warum der sich das gefallen lässt

Immer mehr gewinnt der Raubritter an Macht
Ihn zu stoppen ist die Gesellschaft zu schwach
Noch lange Zeit bleiben wir in seinem Bann
So kassiert er weiter weil er es kann …

Der Reichtum der Welt

Suchst du den Reichtum unserer Welt
Dann schaue nicht nach Gut und Geld
Allein dein Herz sagt dir gib acht
Auf das Verbliebene einstiger Pracht

Seit langem gibt es mächtige Leute
Ziehen aus Mensch und Natur reiche Beute
Was sie diesen Schlimmes angetan
Die Liste ihrer Untaten ist sehr lang

Der Wald ist unser größter Schatz
Nicht nur hier nein in der ganzen Welt
Sinnlos oft wird Baum um Baum gefällt
Palme und Fichte sind schlechter Ersatz

Berggorillas Orang Utans sind Repräsentanten
Starben da sie keine neue Heimat fanden
Auch Indianer haben dies erlitten
Ihnen half kein Flehen und kein Bitten

Dörfer Felder weichen Wälder werden gerodet
Gefördert im Tagebau werden Erze Kohle
Vielerorts auch die begehrten Diamanten
Wunderbare Landschaften kommen zu Schanden

Amerikas Städte Rhyolite ist eine von vielen
Wohin Menschen wegen des Goldes kamen
Die Abenteurer gingen doch es blieben
Geisterstädte wo keiner mehr leben kann

Beherrscht die Natur sprach man lange
Solche Reden machen Menschen bange
Wo sich schöne Flussauen einst schlängelten
Sich grade schmutzige Rinnsale drängen

Flutkatastrophen an Oder und der Elbe
Am Rhein Mosel und Donau genau dasselbe
In weiten Gebiete Menschen und Tiere leiden
Es kommt wieder und niemand kanns vermeiden

Der Fischbestand der Meere ist fast erschöpft
Superfischfangflotten haben sie geschröpft
Gierige Monopolisten haben das befohlen
Und brutal die ganze Welt bestohlen

Australien erstickt in Buschbrandnebel
Der Klimawandel fordert feurigen Tribut
Klimasünden werden gern zerredet
Mensch und Tier bezahlen mit ihrem Blut

Politiker beschwichtigen mit Phantasie
Wirkliche Lösungen aber haben sie nie
Wankelmütig sind sie in ihrem Denken
Können nicht die Klimarettung lenken

Klimaleugner die gibt es zu Hauf
Die schneiden immer mächtig auf
Die eine Sorte das sind die Blöden
Weil sie nicht wissen was sie reden

Die anderen sind doppelt kriminell
Sie produzieren weiter Umweltdreck
Und lügen ihre Schande einfach weg
Immer stopfen sie sich die Taschen voll

Alles was wir noch besitzen
Behutsam müssen wir es beschützen
Gemeinsam mit der ganzen Welt
Das ist wichtiger als alles Geld

Behördenfrust

Amtsstuben lange Flure Kaffeeduft
Was vielen Menschen bereitet Frust
Die Wartezeit ist leider ausgedehnt
Bis du erfährst - Antrag abgelehnt

Du gehst zum Anwalt lässt dich beraten
Der kassiert Gebühren spricht vom Gericht
Das kostet wieder Geld kein Recht für dich
Der Anwalt ist erfreut - hat nur *sich beraten*

Die nächste Instanz gibt dir nicht Recht
Deine Anliegen gelten nicht als wichtig
Im Gesetzeswerk leider nicht berücksichtigt
Der Volksmund nennt das einfach Pech

Von dem Ganzen hier das Resultat
Sodbrennen ist wahrlich kein Genuss
Da du unausweichlich jeden Tag
Irgendwen am Arsche lecken musst

Hoffnungslos

Ein Mahnmal will ich bauen
Für die Allerärmsten hier im Land
Die Fürsorge Wärme Gutes zu kauen
Schon sehr lange nicht mehr gekannt

Wolfgang hieß er war fleißig korrekt
Und selten krank Mechaniker von Beruf
Schicke Wohnung Garten Familie perfekt
So kann man leben so ging es allen gut

Eben 48 geworden dann kam der Schlag
Thrombose konnte nicht laufen oder stehen
Auch die Augen waren schon schwach
Kündigung folgte prompt er musste gehen

Initiativbewerbungen waren fehlgeschlagen
Alle Firmen wollten nur Gesunde haben
Mitleidig lächelte man ihm ins Gesicht
Und Blicke sagten *Ich will dich nicht*

Umschulungen allesamt ganz ohne Sinn
Verfehlten den Zweck und waren teuer
Kein Teilnehmer hatt' hernach einen Job
Andere zogen daraus Gewinn

Als dieser Zirkus endete kam ein neuer
Ein Wirtschaftskrimineller als Namensgeber
Nach dem korrupten Herrn heißt das HARTZ IV
Das absolute Minimum blieb nun zum Leben

Es hieß *Hose runter zeig was du hast*
Wenn das komplett alle ist dann kriegst du was
Und *was* Wolfgang bekam es wurde ihm übel
Zum Heulen wars und zwar ohne Zwiebel!

Seine schöne Wohnung wurde ihm genommen
Lebte nun einsam in einem hässlichen *Loch*
Eine weitere Krankheit war hinzu gekommen
Und belastete sehr die schreckliche Depression

Forderungen der Ämter sind unerbittlich
Formulare Formulare aber bitte pünktlich!
Depressiver Rückfall Termin verpasst
Ein Viertel Jahr kein Geld *selbstverständlich*

>   *Kaum noch kam er vor die Tür*
>   *Doch was konnte er dafür*
>   *Was hatte er verbrochen nur*
>   *Dass er kam so aus der Spur*

Das Schicksal fragt nicht warnt nicht vor
Und wenn du's nicht erwartest schlägt es zu
Raus fliegt wer vor der Zeit die Kraft verliert
Bist du erst mal draußen bist du ohne Wert

Es graust mich die Heuchelei
Von Liebe und Barmherzigkeit
Im Land wo so viel Reichtum ist
Und Geld vorhanden ist wie Mist
Wo man den Reichen Steuern schenkt
Den Armen noch das Letzte nimmt
Ich sag es nicht zum ersten mal
Was hier fehlt das ist MORAL!

Was Großes sein

Nach dem Lebensweg auf Suche
Handwerk - Hände lieben keinen Schmutz
Und gefragt wird hier nach Fleiß
Für Kunst und Wissenschaft fehlt Geist
Auch Service und Handel ausprobiert
Und viele Kunden angeschmiert
Politik klingt doch ganz gut
Parteien suchen frisches Blut
Mit Beziehungen steht steil die Leiter
Und mit großer Klappe kommt man weiter
Volksparteien sind am besten
Klingt so fein nach *Weißen Westen*
Noch dazu *so in der Mitte*
Kandidat zur Wahl der nächste Schritt
Fachwissen ist nicht gefragt
Es reichen wenige hohle Phrasen
Nun sitzt man drin im Parlament
Und stimmt brav ab - oder pennt
Von Zeit zu Zeit kommt eine Spende
Von Lobbyisten - willkommene Alimente
Ist denn Bestechung täglicher Brauch -
Ach was - alle anderen tun das auch
All ihr Wähler glotzt nicht so betroffen
Diese Untaten trau auch ich mir zu
- Aber nur besoffen

Dilettantismus der Macht

Dass Politiker volksverbunden sind
Glaubt heute nicht einmal ein Kind
Für Mächtige gilt das Gebot
Fast jeder Bürger ein Idiot
Kommt der Wahltermin heran
Wird von Kompetenz gefaselt
Wer als kompetent gelten kann
In Medien erfährt es jedermann
Und Medien sagens wunschgemäß
Bildung Leistungswillen Nein
Speichellecker mit besten Chancen
Auf der Kandidatenliste landen
Halbwissende Stümper machen das Rennen
Dem Wähler ist es zum Flennen
Selbsternannte Experten ohne Expertise
Die keinen blassen Schimmer haben
Da müssen externe Berater ran
Die sind gut etabliert
Und fest eingenistet
Kassieren fette Gelder
Aufträge geben die sich selber
Selbst Gesetze schreiben sie mit
Folge ist Klientelpolitik
Rechtsfindung nach Versuch und Irrtum
Gesetzeslandschaft ein Flickenteppich
Anwälte Gerichte haben viel zu tun
Kosten tragen nur zwei DU und ICH
Ob dumm faul korrupt dünn dick

Den Parlamentarier schützt ein Paragraph
Den Bürger nicht vor mieser Politik
Halbherzigkeit überall
    Ein bisschen sozial
    Ein bisschen gerecht
    Ein bisschen Sicherheit
    Ein bisschen Umweltschutz
    Ein bisschen Bildung
    Und ganz viel Wirtschaft
    Priorität den Großkonzernen
Wer alles nur ein bisschen tut
sollte schnellstens nehmen seinen Hut
Volksparteien Das ist ein Ulk
Stattdessen Dissoziation vom Volk

Wer die Wissenschaft verlacht
Und das eigene Volk verachtet
Politikbetrieb wie Walpurgisnacht
Gehört nicht an die Macht

Doping

Sieg wird von mir erwartet
Von Eltern Trainern und der Presse
Und moralisch soll ich starten
Haltet doch endlich eure Fressen

Von Training zu Training schinden
Von Wettkampf zu Wettkampf voller Qual
Mich unter Schmerzen überwinden
Wiederholt sich zum tausendsten Mal

Wettkampftermine ohne jedes Maß
Qui bono frag ich immer wieder
Hoher Stress ganz ohne Unterlass
Sponsoren froh mich drückt es nieder

Seit Jahren ohne Sieg geblieben
Werde ständig maßlos angetrieben
Geb mir immer noch viel Mühe -
Und verpasse weiter meine Ziele

Hab die Schnauze gründlich voll
Da wird mir ein Mittel zugesteckt
Das wirke wirklich wundervoll
Und von Behörden nicht entdeckt

Vorwärts gehts man ist erstaunt
Auf Zuschauerbänken wird geraunt
Ist bei dem Mann Beschiss dabei
Kontrolle - und Karriere ist vorbei

Doping häufiger als man glaubt
Sportsystem schießt übers Ziel
Da stell ich öffentlich die Frage
Ist nicht zu viel Geld im Spiel

Da lob ich mir den Breitensport
Da strengt man sich tüchtig an
Fernab von brutalem *Profimord*
Und interessant für jedermann

Da geht es wirklich sauber zu
Ohne Stoff und ohne Schmu - Vielleicht -

Nukleare Hydra

Vielköpfiges Ungeheuer
Äußerst bissig und speit Feuer
Schlägt man einen Kopf ihm ab
Wachsen mehrere gleich nach
Hydra man dies Wesen nannte
Das in alter Zeit man kannte
Ausgestorben schon beizeiten
Was man leider muss bestreiten
Großmächte nun an ihrer Stelle
Unaufhaltsam eine Monsterwelle
Von *Overkill* wird berichtet
Fünfundzwanzig mal sagt man
Könnte das die Welt vernichten
Regierungen ficht das nicht an
Jahr für Jahr wird Rüstung mehr
Den Frieden belastet dieses sehr
Heimlich Abkommen zu umgehen
Im Mediendschungel kaum zu sehen
Kaum wird ein Staat dabei ertappt
Ziehn die andern einfach nach
So dreht die Schraube hoch und höher
Die Kriegsgefahr groß und größer
Leute Ihr es nicht ertragen wollt
(Sehr verständlich euer Groll)
Geht auf die Straße möglichst oft
Und macht eurem Willen Luft
Bis überall die Einsicht reift
Und Abrüstung die Welt ergreift

Eliten auf Talfahrt

Zum Leutnant frisch befördert
Kurz zuvor zweifach diplomiert
Schickt man ihn an die Front
Von Fundamenten Stahl Beton

Ein Bautrupp von besondrer Art
Die Arbeit ist für alle hart
Genossen Soldaten besonders schwer
Verbrieftes Recht wird ihm verwehrt

Ausschweifungen junger Offiziere
Vergessen erlernte Manieren
Beim Kartenspiel sinnlos betrinken
Schamlos in den Ausguss pinkeln

Korruption zu spüren überall
Vom Kompaniechef bis zum General
Indem man die Armee beklaut
Und damit seine Datsche baut

Karrieredenken breit und breiter
Für Orden und Beförderungen
Wehe allen die sich weigern
Zu fälschen Bauabrechnungen

Der Leutnant zutiefst verletzt
Will dahin wo man Arbeit schätzt
Macht den Fehler seines Lebens
Die Arbeitskraft dem Staat zu geben

Niemals wieder

Niemals wieder
Wer das verspricht
Und Anderntags schon bricht
Niemand kann ihm glauben
Komasaufen Drogen Rauchen
Künftig nicht mehr stehlen
Lügen nicht erzählen
In jeder Weise ehrlich sein
Und sich immer treu erweisen

Niemals mehr Faschismus
Niemals wieder Krieg
Für Menschen die so schworen
War das bittrer Ernst
Und die danach geboren
Hatten es bald verlernt
Vergessen all die Väter
Kamen vom Krieg nicht heim
Kinder waren Waise
Müttern half kein Weinen
Vergessen viele Bombennächte
Mit ungezählten Toten
Die ausgebrannten Städte
Keiner konnte da mehr wohnen
Vergessen all die Massenmorde
Erschossen vergast verbrannt
Namen dieser schlimmen Orte
Bei der Jugend kaum bekannt

Schrecklich diese Schlägertypen
Nazis lang schon wieder da
Verbreiten haufenweise Lügen
Und schreien laut Hurra
Politik hat lange zugesehen
Verharmlost Taten und Reden
Alte die noch Zeugen waren
Erlitten schlimmste Qualen
Werden bald nicht mehr sein
Wer steht für die Opfer ein

Schreiende Ignoranz

Querdenker betritt den Markt
Gestikuliert und schreit
Doch es ist getretner Quark
Den er lauthals bietet feil

Pandemie die gibt es nicht
Erklärt er unumwunden
Vom Staat lanciert ein Gerücht
Bill Gates hat es erfunden

Schwere Pandemie - mitnichten
Leichte Grippe - mal ehrlich
Ein paar Pillen könnens richten
Und jede Impfung ist gefährlich

Fraglich was der Mensch sich *denkt*
Der *Querdenker* stolz sich nennt
Beim Bestatter Stapel vieler Toter
Doch er *alles erstunken und erlogen*

Nicht strafbar ist die Ignoranz
Doch manchmal geht das tragisch aus
Wenn der Querdenker denkt -
      Und die Kuh hebt den Schwanz
Kommt doch meistens dasselbe heraus

Erwartung

Jede Unzeit geht vorbei
Seuche Hungersnot und Krieg
Niemandem ist es einerlei
Was die Zukunft bietet
 Heilen aller Wunden
 Elend überwunden
 Völker reichen die Hände
 Alle Not sei zu Ende
 Auch sinnloses Sterben
 Überall soll Frieden werden
 Wohlfahrt für alle Leute
 Andersdenkende nicht verfolgen
 Gleich seien die Geschlechter
 Gesellschaft werde gerechter
 Religionen gegenseitig achten
 Es schweigen alle Waffen
 Kinder zur Schule gehen
 Und jederzeit die Sonne sehen
Ziele seit Jahrhunderten bekannt
Von Philosophen oft benannt
Demagogen schnöde drüber lachen
Höchste Zeit zum besser machen
Wenn ein Corona-Virus es so will
Steht öffentliches Leben still
Vernunft allein kanns überwinden
Und endlich wir Erlösung finden

Palaver

Beschlüsse wollt man fassen
Oder ein Gesetz erlassen
Man sagte dass es wichtig sei
(Die Schildbürger schliefen ein)

Schon wochenlang gemunkelt
Was Paschas schon besiegelt
Die Urwaldtrommel funkte
Dass auch fürs Volk was bliebe

Im stillen kleinen Kämmerlein
kamen Schakale Bonzen überein
Wie man fülle sich die Bäuche
Und die kleinen Leute täuschte

Ein Silberrücken trat heran
Von Alternativlosigkeit sprach
Dann rief rotweißes Chamäleon
Das Gesetz ist eine Schmach

Der blaue Ziegensittich krächzte
Das ist wirklich nun das letzte
Der grüne Kakadu besonders zahm
Mahnte Umweltbewusstsein an

Roter Puma mit gestutzten Krallen
Laut schimpfte und Fäuste ballte
Gelbe Python gab sich kämpferisch
Alternativen kennt sie nicht

Mit Koalitionsmehrheit beschlossen
Abends ward Erfolg begossen
Zufrieden nahmen Paschas Platz
Das ganze Palaver für die Katz

Wir sind hier nicht im Zoo
In keiner Horde Schimpansen
Nicht im Dschungel irgendwo
Nein - im höchsten Parlament

Worte wie Feuer

Manchmal könntest du verzweifeln
Fragst dich beinah täglich
Wo bleibt der Verstand
Warum Regierende so zögern
Wenn sie dringend handeln sollten
Pandemie fordert große Opfer
Leidtragende sollten alle sein
Und Lasten schlecht verteilt
Superreiche sind verschont
Über hunderttausend Tote
Überlebende langzeitkrank
Neue Opfer nicht mehr dulden
Menschenschutz durch Konsequenz
Offener Streit um Regierungsposten
Passt nicht in die Zeit
Mund auf machen Haltung zeigen
Gegen Regierender Halbherzigkeit
Gegen den Verfolgungswahn
Jedes Wort muss Feuer sein
Unterm Arsch der Zweifler
- Und Verwaltungsbürokraten

Zu weit oben

Von hohem Ross Balkon Tribüne
Prasselt Redeschwall auf Köpfe
Selten oder nie steigt ein Redner
Gnädig zum Publikum herab
Die Rede kaum verständlich
Gleicht einem lauen Wind
Streicht über hunderte Häupter
Verhallt in engen Gassen
Eng gefügt aus tausend Phrasen
Ohne jeglichen Zusammenhang
Ohne Logik ohne Sinn
In erster Reihe Beifallklatscher
Korrumpiert bestellt bezahlt
Von hinten Pfiffe gellen
Manchmal fliegt ein faules Ei
Bellend der Redner fordert
Ich soll meine Stimme geben
Nein ganz sicher nicht
Denn der ist zu weit oben
Zum Fürchten abgehoben

Mode

Eben gekauft
Morgen weg geworfen
Was eben noch von Wert
Behandelt nun als Dreck
Statt Recycling wird verheizt
Da zu nichts mehr tauglich
Mode ist vergänglich
Zeitgeschmack nicht von Dauer
Fertigung für Hungerlohn
Heerscharen von Arbeitssklaven
In mittelalterlicher Fron
Grob missachtet
Menschenrechte Umweltstandards
Politik ist taub und blind
Weil die Lobby es so will
Wen schützt sie
Wer zahlt die Zeche

Disput auf dem Boulevard

Vertrautes Gesicht vor mir
Kommt auf mich zu
Unsicherheit in seinen Augen
Unsicher auch sein Gang
Der mir doch immer
Als tatkräftig klug bekannt
 Ich weiß nicht mehr
 Was ich glauben soll
 Leute benehmen sich wie toll
 Von großer Gefahr ist die Rede
 Aller Menschen Leib und Leben
 Böse Menschen die Welt beherrschen
 Außerirdische massakrieren
 Journalisten manipulieren
Ich ergreife seine Hand
Einen Arm um seine Schultern
Denke nach mein Freund
Vertrau auf dich selbst
Deine Erfahrung und dein Wissen
Lass dich nicht beirren
Und stelle Fragen
 Was ist echt
 Was purer Wahn
 Wo ist die Quelle
 Kannst du ihr glauben
 Wem nutzt die Angst
 Und wilde Panik

Darfst nicht verzweifeln
Er ist noch immer gültig
Der Spruch
    Trau - Schau wem

Was kann ich tun

Die Welt ist aus den Fugen
Der Abgrund viel zu nah
Umwelt und Natur verbluten
Nichts wie es einmal war

Herrscher führen viele Kriege
Menschen rufen *Es ist genug*
Kein Gemetzel - niemals wieder
Das zu schaffen braucht es Mut

Gesellschaft ist im Wahn
Eigennutz steht vorn an
Empathie schnöde verlacht
Hassrede die Runde macht

Politiker zu oft Dilettanten
Wahlversprechen können warten
Alles begonnene wird zum Fiasko
wirklich klappt nur Korruption

Wer wollte zweifeln
Dass Änderung nötig ist
Das jetzige darf nicht bleiben
Nicht endlos ist die Frist

Ohnmächtiger Mensch der allein
Kämpft für ein besseres Sein
Mitstreiter muss er finden
Will er Chaos überwinden

Musst viele Menschen überzeugen
Missmut aus dem Wege räumen
Schluss mit dem Bürgerzwist
Weil Gemeinsinn nötig ist

Kuckucksyndrom

Vogelnest mit frischen Eiern
Einem großen und fünf kleinen
Wenn das große ist geschlüpft
Werden kleine aus dem Nest gedrückt

In Arbeitsteams genau das gleiche
Neuer Kollege kommt hinzu
Klima wird versaut im Nu
Stimmung im Team zum Weinen

Intrigen sind sein Lieblingssport
Setzt sich mit Verleumdung fort
Andere für dumm verkaufen
Und kann vor Kraft nicht laufen

Nach oben buckeln nach unten treten
Bespitzelt alle und jeden
Den Chefs alles offeriert
Karriere ist nun garantiert

In Fabriken Behörden und Parteien
Überall das gleiche Spiel
Findet man Kollegenschweine
Aufstieg das gemeine Ziel

Hört - es ist in aller Munde
Gesellschaft geht so zugrunde
Allein der Ellenbogen bestimmt
Keiner auf andere Rücksicht nimmt

Sturmwind

Vielfältig auszudrücken
Ja das kann der Sturm
Säuseln heulen brüllen
Wachsamkeit Entsetzen Furcht

Der Sturm ist weit gewandert
Über Ozeane und Kontinente
Unterwegs sich mehrfach wandelt
Sein Weg noch nicht beendet

In der Karibik geboren
Mit brachialer Gewalt und Wut
Haitianer alles alles verloren
Ihre Häuser Felder Leben Blut

Hilfe versprach die Welt
Nahrungsgüter und viel Geld
Menschen arm wie eh und je
Erleiden Not die Hände leer

Von New Orleans bis Manahattan
Der Tornados Zerstörungswerk
Vernichtet Farmen ganze Städte
In Fluten sterben Tier und Mensch

Bei Labrador sich nach Europas wendet
Mit dreißig Meter hohen Monsterwellen
Containerschiffe Kutter Tanker
Selbst Ozeanriesen nehmen Schaden

Tankt neue Energie und Kraft
Womit er neues Elend schafft
Wenn drohend er bei Island steht
Feuerwehr in Bereitschaft geht

Sirenen heulen Telefone schrillen
Über Ufer treten Ströme Flüsse
Kleine Bäche reißen Dörfer nieder
Angstvoll rufen Menschen *Hilfe*

Nichts vom Dorf heil geblieben
Keine Hoffnung auf ein morgen
Hab und Gut im Wasser abgetrieben
Menschen beginnen neu von vorn

Habe Schlimmeres noch gesehen
Ich der Sturmwind kalt und wild
Doch trag ich keine Schuld
Bin nicht Monster nur ein Phänomen

Ihr Menschen mit maßloser Gier
Blind sorgt täglich ihr dafür
Dass Ozeane wärmer werden
Und mehr Unwetter auf der Erde

Kranker Hass

Jämmerliche Figuren
Geistlose Halbnaturen
Nichts wissen - nur vermuten

Aus Vermutung wird Unterstellung
Aus Unterstellung Verleumdung
Für Realismus fehlt das Wissen
Für Proportionen der Geist

Aus Nichtwissen entsteht Hass
Auf alle die anders sind als du
Ignoranz ein schlimmer Fluch
Die macht dich furchtbar krank

Dein Motiv ist purer Neid
Hast im Leben nichts erreicht
Und die Arbeit nie geliebt
Verachtung deine Sinne trübt

Jämmerliche Figuren
Geistlose Halbnaturen

Geparkt im Pfandhaus

Partner schnöde betrogen
Alle und jeden belogen
Kundengelder unterschlagen
Mitarbeiter nicht bezahlt
Frau und Kinder verlassen
Egal wenn sie dich hassen
Meineidig vor Gericht
Ehrgefühl hast du nicht
Gewissen für dich nur Quark
Im Pfandhaus ist es geparkt

Verlorene Seelen

Unauffällig kaum zu sehen
Huschen graue leise Schatten
Auf der Straße betteln gehen
Magere Erträge in der Tasche

Schäbige Kleidung auf dem Leib
Verstand ersäuft im Alkohol
Krank am Körper und am Geist
Hoffnung keine nur die Droge

Ganze Familie ist betroffen
Die gebildet angesehen war
Es wurde viel zu viel gesoffen
Jetzt nennt man uns Clochards

Lehrer Beamte Dichter Philosophen
Ansehen Würde sind verloren
Elend brach über uns herein
Kein Verlust kann schlimmer sein

Verlorenen Seelen nicht zu raten
Weniger noch sie zu bekehren
Mit Ausreden stets sich wehren
Weiter saufend sich zu schaden

Auf grüner Wiese einsam begraben
Weil sie mittellos verstarben
Schade schade manche Leute sagen
Dass sie so jämmerlich verdarben

Elend pur

Mit guter Arbeit gut gestellt
Outsourcing kam in Mode
Total verändert deine Welt
Bist überflüssig rausgeworfen

Die neue Welt heißt Billiglohn
Neuer Job in bitterer Fron
Überstunden tagein tagaus
Wer aufmuckt fliegt gleich raus

Hauptschule schlecht ausgebildet
Dein Traumjob nicht zu finden
Zwei weitere Jobs noch nebenher
Am Zahltag ist dein Konto leer

Suchst nach Hilfe findest keine
Statt schlafen nur noch weinen
Auch *LINKE* lässt dich in Stich
Denn du bist nicht akademisch

Schau dich unter Kollegen um
Die das gleiche Schicksal teilen
Unter der Missachtung leiden
Mit dir die gleiche Arbeit tun

Verfolgung Kerker Tot
Nur ganz knapp entkommen
Afrikas Dürrekatastrophen
eben noch entronnen
Aus Syriens zerbombten Städten
Und IS durch Flucht gerettet
Geboren im deutschen Land
Wie du - Bildung nie gekannt

Seid nicht anders - ihr seid gleich
Eure Armut macht Reichste reicher
Für Einigkeit ist es nie zu spät
Besinnt endlich euch auf *Solidarität*

Der Kloakenheld

Hast du heute schon
  Eine Hauswand beschmiert
  Einem Greis die Fresse poliert
  Einer Greisin die Rente geklaut
  Dem Notarzt die Zufahrt verbaut
  Reihenweise Autos angezündet
  Die Feuerwehr behindert
  Benzin getankt nicht bezahlt
  Beim Saufen damit geprahlt
  Bürgermeister mit Tod bedroht
  Demokraten übelst verhöhnt
  Abgeordnete unflätig beleidigt
  Öffentlich Hitlergruß gezeigt
  Parkbank voll geschissen
  Fensterscheiben eingeschmissen
Kein Beruf nichts gelernt
Nie verdient dein eignes Geld
Hältst dich von jeder Arbeit fern
Größter Nichtsnutz dieser Welt

Als Mensch nicht gut geraten
Stolz auf deine Missetaten
Bist als Tunichtgut bekannt
Auch Kloakenheld genannt

Schrankenlos

Schrankenlos meine Ideen
Und sämtliche Gedanken
Kunst soll niemals wanken
Keinem nach dem Munde reden

Ehrlich seine Meinung sagen
Problemen gehen auf den Grund
Geduldig Kritik ertragen
So wird die Welt gesund

Frevlers grenzenloses Handeln
Unsere Welt zugrunde richtet
Dagegen zu setzen Schranken
Ist vornehmste Bürgerpflicht

Sollen und Wollen

Sollen oder Wollen
Müssen oder Dürfen
Pflichten oder Rechte
Wer kann helfen
Den Unterschied zu finden
Was wäre die Welt ohne Rechte
Und was ganz ohne Pflichten
Der Volksmund kennt den Spruch
Das eine was ich will
Das andere was ich muss
Und trifft philosophisch
Den Nagel auf den Kopf
Allein in der Balance
Hat Demokratie eine Chance

Graubunter Alltag

Haustürgeschäft

Ungebeten kommt er an
Mit Schlips und Kragen
Im teuren Luxuswagen
Gebärdet sich wie Supermann

Er will etwas verkaufen
Das Beste auf der Welt
Fordert einen Haufen
Mühsam verdientes Geld

Auffällig seine Sprache
Stereotyp ist jeder Satz
An Kundennähe Mangel
So verkauft sich Ramsch

Solche Typen sind bekannt
Heißen Couch Trainer Berater
Ihr wahrer Beruf ist unbekannt
Ihr Auftritt Schmierentheater

Stadtbummel

Im Ruhestand beinahe schon ein Jahr
In den Knochen
Noch beruflichen Frust und
Schon wie gefürchtet Langeweile
Lust hätt ich wohl etwas zu tun
Gehe erst mal in die nahe Stadt
Mein Chef ein Arschloch
Niemals gute Laune
Dümmlich und arrogant
Und langweilig
Passend zum Kantinenfraß
Rente eben zur rechten Zeit
Hektik der Stadt Leute nicht ausgeschlafen
Nervös angespannt
Autsch der Trottel rempelt mich
Hetzen von Ziel zu Ziel
Luft wie im Backofen nicht auszuhalten
Staub in meiner Nase pfui
Ein Leben weder gesund noch schön
Liebe kleines Häuschen an Dorfes Rand

Und meine Frau darin die sehr gut
Nachbars Hahn wann er auch kräht
Alles was da grunzt und muht und blökt und
Gerüche von Wald und Feld und Mist
Die frischen Äpfel aus dem Garten und
Alle anderen leckeren Sachen
Leute die mich grüßen und
Spontanen Schwatz an der Ecke und
Mein Chef der kann mich - ach nein
    der Götz v. .. kann das besser

Meine Zeit - deine Zeit

Meine Zeit
  Deine Zeit
    Unsere Zeit
Zeit vergeht nie
Sie ist immer da
Unsinn das Gerede
Zeit sei pures Geld
Es schmilzt nur meine Kraft
Die anderer Reichtum schafft

Meine Zeit
  Deine Zeit
    Unsere Zeit
Was zählt allein
Ist die Gemeinsamkeit

Ich bin ich

Ich bin, der ich bin.
Das Schicksal, das mir zugefallen,
Nehm ich gerne an.
Darum will ich kein andrer sein.

So mancher fühlt sich berufen,
Ist auf steile Karriere aus.
Hat nichts gelernt und keine Ahnung,
Doch schreit er *Holt mich hier raus!*

Zu viele Namen sind vergessen,
Die man einst *entdeckt.*
Sie waren sehr vermessen
Und nun verschwunden, einfach weg.

Ich geb mich lieber bescheiden
Und meiner Arbeit hin, Tag für Tag.
Wer was ich schreibe, gar nicht mag,
Der lasse es einfach bleiben.

Atem des Lebens

Krank an Herz und Seele
Und beruflich eingespannt
Wer und was kann helfen
Dass einer gesunden kann

Häufig zum Doktor laufen
Und dann Pillen kaufen
Gibt es keine andre Wahl
Als Pillen in großer Zahl

Immer Pille ist nicht gut
Darum bleibe auf der Hut
Dein bester Arzt bist du
Dir helfen Sport und Natur

Deinem Doktor sage klar
Kooperation ist wichtig
Was tust du und was er
An *einem* Strang ist richtig

Morgens raus zur Terrasse
An frischer Luft Gymnastik
Dann schmeckt das Frühstück
Mit Tee eine große Tasse

Auf der Arbeit hektikfrei
Zügig maßvoll tätig sein
Halte deine Pausen ein
Jegliche Überstunden meide

Nach vollbrachter Arbeit
Heimwärts mit dem Fahrrad
Viel besser noch zu Fuß
Der Ausgleich ist ein MUSS

Wandere durch Wald und Flur
Mit den deinen und Freunden
Atme dort die frische Luft
Auch die Seele wirds erfreuen

Wähle gut dein Essen aus
Lass den opulenten Schmaus
Auch den Tabak und den Alkohol
Dann gehts dir immer wohl

Bei allen deinen Taten
Hobby Sport Ruhe Arbeit
Dein Atem bestimmt das Maß
Tief und langsam ein und aus

Wiederkäuer

Kuh und Ziege und Schaf
Gräser Blätter Kräuter rupfen
Und wiederkäuen treu und brav
Geduldig kauen und schlucken
Immer wieder
Gleichen Tages fällts zur Erde
Düngt Acker Heide Wiese
Dass alles wieder sprieße
Und Landmann glücklich werde
Auch Leute sind oft Wiederkäuer
Solche die wir kennen
Zwanzig Jahre gehts bei ihnen
Manchmal auch noch länger

Labsal

Gutes Essen lieb ich sehr
Nicht Luxus teure Sachen
Nein Hausmannskost muss her
Die einfach ist zu machen

Thüringer Bratwurst liebe ich
Kartoffelsalat der deftig ist
Erbseneintopf Kartoffel und Speck
Aus der Gulaschkanone ist es recht

Wenns stark im Hause riecht
Nach frisch geräucherten Würsten
Wer kann sich da beherrschen
Dazu Bier ich will nicht dürsten

Wenn der Sommer geht zu Ende
Und im Walde wird es feucht
Find ich Pilze jede Menge
Die Herbst und Winter reicht

So gibt es viele tolle Speisen
Massenware aus dem Supermarkt
Billig - kann mich nicht reizen
Regionales immer Freude macht

Und spricht da wer du lebst ja gut
Kann ich nur eine Antwort geben
Was nutzt mir das schlechte Leben
Vor gutem Koch zieh ich den Hut

Dringende Bitte

Du machst dir um mich Sorgen,
Gibst beständig auf mich acht.
Das beginnt schon früh am Morgen
Wenn du mein Frühstück machst.

Du fragst, ob es mir mundet,
Ist das Toast auch warm genug?
Sogar meinen Kaffee rührst du um,
Langsam wird mir das zu bunt.

Deine Pension ist mir angenehm,
Zimmer sauber, das Bett bequem.
Fürsorge kann man übertreiben,
Also lass das Kaffeerühren bleiben!

Juninacht

Der Start in diese Nacht
War gar nicht gut - was hat
Mich um den Schlaf gebracht
Kein Auge macht ich zu
Gefühlt - über Stunden
Von Ideen die sonst sprudeln
Reichlich in großer Zahl
Fühl ich mich heut verlassen
Grenzenlos mein Schlafverlangen
Ohnmächtig ob der Dämonen Macht
Erlöst durch deine Zärtlichkeit
Geb mich deinem Kosen hin
Finde Schlaf den Rest der Nacht
Im Halbschlaf hör ich es klingen
Bei dämmrigem Morgenrot
Hör ich die Vögel singen
Den neuen Tag zu loben
Es beginnt des neuen Tages Lauf
Mit Hühnern und dem stolzen Hahn
Und Singvögeln steh ich auf
Nach Kaffee und Frühstücksei
Ist die Qual der Nacht vergessen
- Und vorbei

August I

Hundstage wie in jedem Jahr August
Geprägt von Trockenheit und Hitze
Liege schlaflos im Bett und schwitze
Möchte vieles tun und habe keine Lust

Hinaus geh ich auf die Terrasse
Was immer ich tu in schwüler Nacht
Mit viel kaltem Tee in meiner Tasse
Seh hoch am Himmel die Sternenpracht

Ich fühle mich wie im Märchenland
Tief unter mir die beleuchtete Stadt
Oben klar tiefblau der Sternenhimmel
Und der Perseidenströme Blitzgewimmel

Tausend Wünsche spricht mein Mund
Danke herzlich dem Sternbild Hund
Silberstreifen die Pracht vertreiben
Ich geh ins Bett schlaf gleich ein

Herbstliche Gefühle

Zwei Seelen hat der goldne Herbst
Nach Altweiber ist Sonnenschein rar
Dichte Nebel wallen vor dem Fenster
Jegliches Licht erscheint jetzt fahl

Blätter werden blass gelb und bunt
Äpfel Birnen werden reif und süß
Im Garten ein Kürbis groß und rund
Im Blumengarten die letzte Rose blüht

Zwei Seelen wohnen in meiner Brust
Weil Herbst so widersprüchlich ist
Mich plagen Schnupfen und Husten
Nasskaltes Wetter macht depressiv

Alternative heißt mach Feuer im Kamin
Und brüh einen Kaffee süß flambiert
Kuchen und von Platte gemütliche Musik
Für meine Familie ein Hauch von Glück

So kommts dass von beiden Seelen
Mich keine jemals unterkriegt
Und brauche mich nicht zu quälen
Weil letztlich Optimismus siegt

November I

Ruhe lärmt nun überall
Im Garten und im Park
Vogelgesang nicht zu hören
Die im Garten sonst betören
Im Nebel krächzen Krähen
Treffen sich in hohen Bäumen

Beete sind schon abgeräumt
Der Komposthaufen dampft
Vom Winter habe ich geträumt
Schneeflocken die fallen sanft
Noch ist es nicht soweit
Ich denke Winter nimm dir Zeit

Manche macht Ruhe depressiv
Nein mir ist sie angenehm
Machs im Sessel mir bequem
Trinke Kaffee den ich liebe
Hole nach was im Jahr versäumt
Alle Gedichte die ich erträumt

Advent I

Ich liebe diese schöne Zeit
Wozu mich kein Glaube treibt
Allein die reine Tradition
Empfinde ich als wunderschön

Die Wohnung wird jetzt umgestaltet
Rein gar nichts bleibt beim alten
Nussknacker Pyramiden ohne Ende
Überall stehn Räuchermännchen

Den Nachbarn ganz besondere Freude
Kein Fenster ohne Lichterbogen
Feuerholz für den Kamin ist trocken
Das Tännlein steht kühl und feucht

Wir backen hundert Sorten Plätzchen
Weil die vom Supermarkt nicht schmecken
Nüsse Äpfel Orangen müssen sein
Wir kaufen viele viele davon ein

Vom Erzgebirge Weihnachtsstollen
Extra fahren wir sie abzuholen
Zum Festmahl Flugente liegt auf Eis
Und etwas wovon die Frau nichts weiß

Weil der Advent mit Weihnacht endet
Sind alle Päckchen gut versteckt
Nicht allzu viel - von hoher Güte
Werden mit Sorgfalt streng gehütet

Heuchelei

Manchen bin ich zu kühl
Anderen ein grober Klotz
Allen Schwätzern zum Trotz
Habe ich Feingefühl

Ich konnte niemals heucheln
Das tut mir gar nicht leid
Und gebe ehrlich Zeugnis
Korrekt zu jeder Gelegenheit

Heuchlern ein Dorn im Auge
Den Ehrlichen tut das gut
Die stets an Gutes glauben
Andere geraten darob in Wut

So finden sich gute Geister
Ordnen sich im Umgang fein
Allein im erwählten Kreise
Will gern ich freundlich sein

Musizierender Wind

Herbststurm wie in jedem Jahr
Lauschen was er mir heute bringt
Wie viele Stimmen hat der Wind
Welches Schaustück stellt er dar
    Des Waldes Rauschen in den Wipfeln
    Es pfeift am First und an Gesimsen
    Knacken und Brechen trockner Äste
    Gebälk des Hauses hör ich ächzen
    Schiefern klappern wie Kastagnetten
    Im Dachkasten Heulen wie von Wölfen
    An Schornsteinköpfen lautes Röhren
    (Was meine Oma sehr verstörte)

Wie Sinfoniekonzert kommt es mir vor
Begleitend einen vielstimmigen Chor
Fast möcht ich singen jeden Ton
Hat nicht jeder diese Assoziation
    Kleiner Kinder fröhliches Trällern
    Sangesfreudige Frauen und Männer
    Alte beliebte Heimatgesänge
    Ländliche Schalmeienklänge
    Trommelwirbel der Husaren
    Posaunen himmlischer Scharen
    Der Roma schmeichelnde Melodien
    Des Nachbarn Hahn begrüßt den Tag
    Vom Kirchturm der Glockenschlag
    Der Kriegerheere Marschmusik
    Nein nein die lieb ich nicht

Und treibts der Sturm mal heftig
Habe ich doch niemals Angst
Bin wie immer sehr vernünftig
Bleibe wohl behütet ich im Haus

In väterlicher Art und Weise
Redet der Sturm mir zu
Schenkt Zuversicht und Ruhe
Ich wünsch ihm gute Reise

Spukende Erinnerung

Bin bis ins Mark erschreckt
Wenn zum Beginn des Tages
Mich Erinnerungen plagen
Mir kein Frühstück schmeckt

Sie geistern lästig durchs Gemüt
Gaukeln dies und jenes vor
Bringen in Wallung mein Blut
Ich bin völlig aus der Spur

Leute kennen mich als nett
Ich will dass es so bleibt
Geh mir selber aus dem Weg
Suche was den Spuk vertreibt

Die Lösung habe ich gefunden
Und lad mir gute Freunde ein
Mein Kopf von Geistern frei
Beim Disput in froher Runde

Ordnung

Mein Zimmer einem Geröllfeld gleich
Bastelei Schuhe Stifte Hefte Bücher
Am Fußboden liegend breit verstreut
Hier gibt es zum Gehen keine Lücke

Seit Wochen beendet ist die Zeit
Da Mutter für mich Ordnung machte
Und meine Freundin hämisch lachte
Als sie gestern abends kam vorbei

Kein Neujahrsschwur den ich leiste
Ich muss jetzt ernsthaft etwas tun
Alle Obliegenheiten selbst bestreiten
Statt mich vom Nichtstun auszuruhn

Grüner Apfel

Der Apfel steht für Paradies
Für Früchte groß saftig und süß
In wunderschönen Farben prangen
Leuchten in Gold rot und orange

Das lockt auch manchen Lausebengel
Der nachts behend am Baume hangelt
Nach allerschönsten Früchten langend
Und isst bis der Gürtel viel zu eng

Doch manche Äpfel mit schönem Antlitz
Sind für Feinschmecker nicht gedacht
Die leider sauer und außerdem holzig
Der Bauer sie zu Schweinefutter macht

Was beweist es trügt oft der Schein
Der Fünf-Sterne-Cognac kann Fusel sein
Ein grausames Biest so manche Schöne
Das *hässliche Entlein* eine gute Seele

In unsrem Garten ein besondrer Baum
Äpfel grün und dunkelgrün gesprenkelt
Die ein Bengel niemals würde klaun
In Wahrheit zuckersüß sie schmecken

Dies alles wusst ich schon als Kind
Und dass Menschen (unterschiedlich)
wie die Äpfel sind

Nur ein Stück

Wer möcht schon gern verzichten
Auf was wir gerne essen trinken
Mit Arbeit haben wir das verdient
Maßvoll sei unser Lebensstil

Viele Leute die sich beschränken
Achtungsvoll an arme Menschen denken
Die mit kleinem Lohn müssen leben
Und trotzdem auch noch Spenden geben

Zum Wochenende nur ein Frühstücksei
Auch ein Stück Kuchen Torte reicht
Dazu die geliebte Tasse Kaffee
Oder besser einen guten Tee
Das Eisbein kann man auch teilen
Iss *eine* Bockwurst keine zwei
Verständlich du isst gern Fleisch
Doch kaufe nichts vom Schwein
Und wenn dann sollt es wenig sein
Maßvoll Alkohol vertreibt Sorgen
Ohne Kater am nächsten Morgen

So bleiben gesund Geist und Seele
Musst dich nicht mit Krankheit quälen
Probiers mal aus es ist nicht schwer
Und du wirst sehen *Weniger ist mehr*

Untermieter I

Untermieter im Kopf
Sind mir liebe Gäste
Was lange klingt im Ohr
Möcht ich nie vergessen
    Lied das oft gesungen
    Witz der gut gelungen
    Spruch besonders treffend
    Aphorismus der toll brennt
    Anekdote mich bewegend
    Metapher die keiner kennt
Interessantes hat die Chance
Für lange Zeit im Ohr zu landen
Weshalb man diese Phänomen
Im Volksmund Ohrwurm nennt

Seelennahrung

Zucker das ist Seelennahrung
Wird bei Kaffeerunden gern gesagt
Mehr noch beliebt die Schokolade
An der sich ein Süßmaul labt
Doch wegen wachsender Rundung
Wird die Seele arg geschunden
Drum solltest du Einsicht haben
Deine Seele mit Verstand zu laben

Geht mal ohne Süßes alles quer
      Bedenke weniger ist mehr
Wird dein Körper behäbig und schwer
      Müssen Sport und Bewegung her
Isst du Süßes weil alles zu monoton
      Suche Gesellschaft und Konversation
Lese Bücher sehe Filme höre Musik
Im Theater die Seele sich erquickt

Sollte noch immer etwas fehlen
Freundschaft und Liebe sind absolut
Das beste für die Seele

Heldentum

Heldentaten zu vollbringen
Zog ich hoffnungsvoll hinaus
Erfolglos in allen Dingen
Kehrte ich bedrückt nach Haus

Vieles konnte ich zu wenig
Manches nur mit dem Maul
Versagen mir nicht peinlich
Zu lernen üben viel zu faul

Lernen muss ich jetzt beginnen
Und Vertrauen neu gewinnen
Nachholen was ich je versäumt
Können nicht mehr vorgetäuscht

Besonders wichtig das ich lerne
Nennt man schlicht Bescheidenheit
Und meiner Seele tiefstem Kerne
Mut und Hoffnung mir verleiht

Was ich bis dahin nie erfahren
Für Freunde sorgt die neue Art
Die gegenseitig sich helfen
Und nutzlose *Helden* uns erspart

Ein wenig verrückt

Ein wenig verrückt
nicht übertrieben
Ist was wir sehr lieben
Gibt neuen Schwung der Seele
Und den Drang zu unternehmen
Tu was du nicht lassen kannst
Wie auf dem Eis der Esel tanzt
Was gewöhnlich uns verzückt
 Singen in den höchsten Tönen
 Bier brauen
 Musiziere mit der Klampfe
 Romane schreiben
 Zum Baikal wandern
 Fische angeln
 Herzlich lieben
 Gipfel besteigen
 Rodeo reiten
 Ausgiebig feiern
 Welt umrunden
 Natur erkunden
 Schlaffseil balancieren
 Und noch viel mehr

Zittre und zage nicht
Ob dein Werk gelingt
Oder deinem Ziel entspricht
Geht es schief fang neu an
Beharrlichkeit macht den Mann
Hüte dich vor allen Dingen
Viel zu wollen -
Und niemals zu beginnen

Überaus anständige Leute

Der Vater gilt als arbeitsscheu
Für Nachbarn ist das nicht neu
Wenn Vater wieder mal im Knast
Hat Mutter einen Dauergast
Den Kindern ist das scheiß egal
Tägliche Prügel gibt es allemal
Hat Mutter öfters Streit im Sinn
Geht Vater nachts zur Tochter hin
Mit dreizehn bekommt die ein Kind
Wozu man keinen Vater findt
Mancher rätselt Vater oder Bruder
Nachbarn sagen sie sei ein Luder
Wer schaut regelmäßig vorbei
Wir ahnen schon es ist die Polizei
Es ist schon wie wir ahnen
Eltern Kinder klauen wie die Raben
In *altem* Dossier liest man heute
Überaus anständige Leute

Frühstück in Delphi

Ich esse für mein Leben gern
Mäßig zwar doch immer gut
Von billiger Fertignahrung fern
Vor Gourmets zieh ich den Hut
Drum lad ich gerne Gäste ein
Die aus der Ferne angereist
Die beste Frühstücksbar am Ort
Der Feinschmecker beliebter Hort
Speisekarte wie in Savoyen
Des Herzogs Festmahltafel
Könnte üppiger nicht sein
Erwartungsvoll treten wir ein
Bedienung steht auf *hab acht*
Zum Ordern nehmen wir uns Zeit
Unterhaltung gute Laune macht
Die Wartezeit ist angenehm
Möblierung ist sehr bequem
Ein Aperitif wird aufgetischt
Der guten Appetit verschafft
Speisen werden dann serviert
Duft und Anblick märchenhaft
Sehr dezente Hintergrundmusik
Willkommener I-Punkt zum Glück
Ich selber mit der Zahlung dran
Meine Gäste reden voller Achtung
Ein Lob wofür ich gar nichts kann
Das Frühstück - eine Offenbarung

Beichte

Was hätte ich zu beichten
Und bitteschön vor wem
Was tu ich wem zu Leide
Wofür sollt ich mich schämen

Täglich stell ich diese Fragen
Frühmorgens bis zum Abend
Ehrlich zu mir selber sein
So bleibt das Gewissen rein

Drum bleibt mir vom Leibe
Die ihr Rechenschaft verlangt
Euer Palaver schiebt beiseite
Mich macht keiner bang

Meine Sorgen mit mir

Versteht mich richtig
Meine Lieben
Ich halte es für wichtig
Dass ich kein Hypochonder bin
In keiner Weise krank
Auch nicht paranoid
Bin ein stinknormaler Mensch
Mit ganz normalen Fehlern
Von diesen vielleicht zu wenig
Wie meine Freunde reden
Nikotin meid ich seit langem
Ebenso den Alkohol
Auch weiter keine Laster
Und fühle mich sauwohl
Manchmal hab ich Zweifel
Mach ich das wirklich gut
Sollte ich andre küssen
Das brächte meine Frau in Wut

Genügsamkeit

Gold und Silber brauch nicht nicht
Nicht Orden und keine Diamanten
Auch keinen Siegerkranz
Kleine Freuden spenden Licht
All die Symbole der Eitelkeit
Kommen mir übel an
Vergällen meine Tage

Genügsamkeit ist nicht in Mode
Wer sie pflegt wird verlacht
Habgier alleine glücklich macht
Anders denken scheint verboten
Der Mensch ein sonderbares Wesen
Unverzeihlich sein Benehmen
      Er hat etwas und will mehr
      Besitzt Gutes doch Besseres muss her
      Blick zum Nachbarn erzeugt puren Neid
Möchte erst gar nicht reden
Von Kriminellen und von Blöden
Und was hat man von der Hatz
Auf Jagd nach dem großen Schatz
Mehr haben wollen als man braucht
Mit ständigem Frust im Bauch
Und Geschwüren im Magen
Oder einem Herzinfarkt -
Eigne Haut verkaufen auf dem Markt

Lieber lass ich mich verlachen
Als den Unsinn mit zu machen
Begnüge mich mit meiner Habe
Erfreu mich meiner guten Tage
Inmitten aller meiner Lieben
Mein Reichtum mein Vergnügen

Stunde der Besinnlichkeit

Eigentümlich diese Ruhe
Fernab totaler Stille
Weckt in mir die Muße
Neue Ideen in Fülle

Draußen Vögel zwitschern
Kinder fröhlich lachen
Nicht stören - inspirieren
Beflügeln meine Gedanken

Erinnerungen werden wach
Erlebtes wird lebendig
Menschen die ich geliebt
Stimmen klingen in mir nach

Ich brauche diese Stunden
Stunden der Besinnlichkeit
Zwischen lauten Zecherrunden
Und stiller Trauer Zeit

Ist die Stunde dann zu Ende
Geh ich an die frische Luft
Rühr im Garten meine Hände
Hab auf neue Verse Lust

Jobber

Mein Geldbeutel leer
Kein Cent in meiner Tasche
Nicht Bier Schnaps kein Likör
Ausgetrunken die letzte Flasche
Frau liegt mir in den Ohren
Schon wieder deinen Job verloren
Keinen Job und nun keine Geld
Was hast du wieder angestellt
Sag nicht ich habe keine Schuld
Dein Boss nimmt es sehr genau
Alkoholverbot auf dem Bau
Akkurat muss deine Arbeit sein
Und wichtig deine Pünktlichkeit

Fast jeden Tag die Litanei
Wie Sauerkraut und süßer Brei
So geht das schon ein Leben lang
Täglich Streit und Zank
Schule hab ich abgebrochen
Einfach nicht mehr hin gegangen
Soff Alkohol und nahm Drogen
Häufig Schlägereien angefangen
Aus der Lehre oft geflogen
Hatte öfter mal betrogen

Gelegenheitsarbeit die Regel
Wie von Alkohol der Pegel
    Hilfsarbeiter auf dem Bau
    Tagelöhner auf dem Land
    Dienstmann bei der Eisenbahn
    Helfer auf dem Rummel
    Sortierer bei der Müllabfuhr
    Alles was niemand gerne tut
Meine Moneten äußerst mau
Bleibe ewig eine arme Sau

Frostig mein Gemüt

Frostig mein Gemüt
Etwas macht mich schaudern
Verdirbt mir meine Laune
Trotzdem draußen Flieder blüht
Ist es der Dauerregen
Leute die nur Dummes reden
Ein Ober mich schlecht bedient
Beim Kassieren frech betrügt
Ein Raser mir die Vorfahrt nimmt
Irgend etwas nicht gelingt
Leute auf Anstand pfeifen
Politiker nichts entscheiden

Stopp mein Freund so geht das nicht
Geh mit dir selber ins Gericht
Von mieser Stimmung dich befrein
Schaffst du mit Gelassenheit
Schau lieber täglich nach
Was dir Lust und Freude macht

Februarsonne

Schneefall ohne Ende
Landschaft total verschneit
Gestern endlich eine Wende
Den ganzen Tag Sonnenschein

Prognosen optimistisch
Wetter soll das bleiben
Hoffentlich ohne Sonnenstich
Im Strandkorb Zeit vertreiben

Täglich mit geliebtem Schatz
Auf der Terrasse finde Platz
Schau ins Winterland entspannt
Hätt beinah das Gesicht verbrannt

Chaos

Chaos in Gedanken und Gefühlen
Innerlich furchtbar aufgewühlt
Es begann schon in der Nacht
Da Stunden ich lag wach
Meine jüngste Tochter hat mir gestern
Etwas schreckliches offenbart
Die wie schon ihre Schwestern
Mit einem Jüngling sich verpaart
Unruhe wüste Träume
Hat mir beschert
Dass die letzte meiner Töchter
Einen jungen Mann begehrt
Wie könnte ich jetzt Ruhe finden
Denn heute ist der Tag
Da dieser fremde Schlingel
Uns besuchen mag
Ihn abzuweisen wär nicht gut
Die Jüngste brächte das in Wut
Muss in den sauren Apfel beißen
Den jungen Mann willkommen heißen

Selbstentlarvung

Meide es zu streiten
mit Narren und mit Toren
Sie wollen nie begreifen
Wahrheit oder Täuschung

Sie haben immer Recht
Streiten bis aufs Messer
Glauben kein Argument
Und wissen alles besser

Keifen gern und schreien
Der Lauteste hat Recht
Willst du das nicht teilen
Bist du eben schlecht

Lehn dich zurück schweige
Lächle gütig und zeige
Überlegenheit und Geist
Für Klarheit sorgt die Zeit

Zeit die nicht verloren
Du kannst darauf vertrauen
Dass sich Narren und Toren
Am Ende selbst entlarven

Scham

In bester Absicht
Mit Fleiß und Geschick
Idee und Tat vollenden
Versehen
Es geht schief
Scherben stehn am Ende
Scham übermannt dich
Und ist fehl am Platz

Eine Schöne dir begegnet
Oft gesehen oft gegrüßt
Ein Lächeln grüßt zurück
Sprich sie an
In Freundlichkeit
Mit einem Blumenstrauß
Leider ist sie vergeben
Schamröte dein Angesicht
Und ist fehl am Platz

Du möchtest gern gewinnen
Den goldenen Pokal
Von erfolgreichen Athleten
Der allergrößte sein
Auf das Siegerpodest
Schaffst du es nicht
Vor Scham Blässe im Gesicht
Und ist fehl am Platz

Musst nicht überall
Stets Erster sein
Nicht Stärkster
Und nicht Größter
Deine Kameradschaft
Dein Bemühen
In jedem Falle ehrenwert
Bist trotz alledem ein Held
Ganz ohne Frage

Nach Damenart

Zur Vesperzeit in froher Runde
Damen an gedeckter Tafel
Nach Damenart in allem kundig
Zum Reden und Geschwafel

Mittelpunkt Frau Besmaul-Tratsch
Immer bestens informiert
Was hinter Gardinen so passiert
Von Untreue bis Schwangerschaft

Pastors Kuh und Lehrers Kinder
Jede kleine und große Schande
des Bürgermeisters nicht minder
Alles was geschieht im Lande

Streit und Zank ausgeschlachtet
Meyers sechste Ehescheidung
Mit Fingern auf andre Zeigen
Eigne Sünden bleiben unbeachtet

Jeden Samstag gleiche Stunde
Zur Vesperzeit in froher Runde
Jener Gastgeberin sei Dank
Die nicht alle Tassen hat im Schrank

Abend im Advent

Abends über Dörfer fahren
Zeitig dunkel im Advent
Fenster all erleuchtet
Was man von Früher kennt
Küchen Stuben alle Kammern
Alle weihnachtlich geschmückt
Pyramiden überall
Streng nach Tradition
Oder auch modern
Lichterpuppe eher selten
Fein gekleidet in Tüll
Mit Lichtbogen in den Händen
Wie viele Kinder im Hause wohnen
Kann man gut erkennen
Jede Tochter einen Engel
Ein Bergmann für jeden Sohn
Sind besetzt mit Kerzen
Für die Dorfgemeinde brennen
In Vorgärten Pyramiden
In manchen eine schmucke Burg
Häuser grenzenlos bestückt
Als grelle Lichterburgen
- Stören mein Gemüt

Advent II

Holzfeuer knistert im Kamin
Angenehmer Duft von Kien
Fahler Schein des Kerzenlichts
Sich dem Feuerschein vermischt

Bratäpfel schmoren in der Küche
Kaffeetisch ist fein gedeckt
Der Kater seine Pfötchen leckt
Er liebt weihnachtliche Düfte

Pyramidenflügel über Kerzen
Drehen bedächtig sich im Kreis
Krippenfiguren erwärmen Herzen
Künden von der frohen Zeit

Schattenspiele in der Stube
Dem Tanz der Elfen gleich
Begeistert Mädchen und Buben
Führt sie in ein Zauberreich

Wer du bist II

Willst du wissen wer du bist
Sollst du in den Spiegel schauen
Ruhig direkt in deine Augen
Sorge dass du bist allein
Wie einen Fremden sieh dich an
Mit kritisch prüfendem Blick
Auf dein Leben schau zurück
Zeigst du dich mit ernstem Gesicht
Oder wie du lachst
Wie immer gütig
Oder weinst schreist klagst
Wie dein Innerstes freimütig
Sich offenbart
Wenn du dieses Gegenüber magst
Wird dieses *Heute* ein schöner Tag

Mein Trabant

Nie bin ich allein
Sind auch im Bett zu zwein
Nicht aus Fleisch und Blut
Seine Freundschaft tut mir gut

Mein Trabant mein Gedächtnis
Ich vertrau ihm alles an
Was er weiß vergisst er nicht
Es schweigt wer nicht reden kann

Unentbehrlich mein *Vade mecum*
Ein Stift und kleines Diarium
Jede Idee gleich zu notieren
Und keine Gedanken zu verlieren

Ungeduld

Viel beschäftigt alle Tage
Der Job verlangt alles ab
Was wir selbst uns auferlegen
Und gehen manchmal falsche Wege

Zu viel Ehrgeiz ist nicht gut
Schlimmer noch die Arbeitswut
Gewinnsucht meist der wahre Grund
All das macht das Herz dir wund

Ob Ehrenamt ob Nachbarschaft
Auch in dem geliebten Garten
Lass dir Zeit für alles Gute
Erfolg ist Kind der Geduld

Geiß und Multi-Kulti

Es war mal eine Geiß
Gekleidet ganz in weiß
Sie war noch keine Braut
Und hat nur Gras gekaut

Junger Bock am Gartenzaun
War in die Geiß verliebt
Ein Fell mit schönem Braun
Nachbarn sind schockiert

Heirat wird vollzogen
Nach bewährter Geißenart
Ein halbes Jahr verflogen
Kam die bunte Zickleinschar

Schwarze und auch weiße
Andere hell und dunkelbraun
Meckern auf die gleiche Weise
Knabbern Blätter Gras an Zaun

Die alte Geiß bas schockiert
Fühlt sich im Dorf blamiert
Wütend macht sie Scherben
Und tät am liebsten sterben

Im Baume die geschwätzige Dohle
Lästert schamlos unverhohlen
Und verkündet überall
Die alte Geiß hat 'nen Knall

Hass

Man tat dir weh
Hat dich arg betrogen
Dich verleumdet
Es war schlicht gelogen
Verständlich dein Zorn
Denke nach und schau nach vorn
Versuch zu reden
Ehrlich Auge in Auge
Auch wenn Fetzen fliegen
Und wenn das nicht hilft
Lasse die Übeltäter links liegen

Doch eines musst du vermeiden
Lasse nie zum Hass dich treiben
Gegen Menschen die du nicht kennst
Die dir nie etwas getan
Dich am Ende blind verrennst
In Gewalt und Verfolgungswahn

Wache auf und hör mich an
Dass man immer etwas ändern kann
Zuerst bekämpfe deine Wut
Dann erst fasse neuen Mut
Mit Verstand und Ehrlichkeit
Kommt die Welt noch mal so weit

Mach dich frei

Lasten die wir mit uns tragen
Unerträglich Tag und Nacht
Lösen Angst Beklemmung aus
Intrige verbreitet Faulgeruch
Verleumdung klebrige Substanz
Macht sich breit und breiter
Klebt an Füßen Händen Kleidern
Aus abgrundtiefem Pfuhl der Hass
Von Figuren die charakterschwach
      Wirf sie ab und
      Mach dich frei

Feierabend an der Theke stehen
Ein Bier ein Schnaps
Es bleibt nicht bei dem einen
Mit 6-er Pack heimwärts gehen
Das reicht bis Mitternacht
Auf Arbeit früh mit dickem Kopf
Das Ruder betätigt Teufel Alkohol
Da geht mancher Handgriff schief
Chef droht mit Entlassungsbrief
      Wirf ab den Teufel
      Mach dich frei

Dein Leben erscheint als Achterbahn
Furcht und Angst rauben dir den Schlaf
Für die Prüfung hast du gut gelernt
Für den neuen Job hast du gekämpft
Ein neuer Chef den du nicht kennst
Ein Vortrag den du halten sollst
Beim Arztbesuch wird dir meist übel
Möchtest dich vor Impfung drücken
Spaziergang durch den dunklen Wald
Hast du zeit Lebens nicht gewagt
      Habe Mut
      Wirf ab die Ängste
      Mach dich frei

Zufriedenheit

Bist du zufrieden
Mit dem was du tust
Du hast die Wahl
Kannst Amboss oder Hammer sein
Oder das Eisen das man schmiedet
du selbst musst die Arbeit treiben
Sonst wirst du getrieben
Dein Schicksal behalte
In deinen eigenen Händen
Träger und Garanten deines Glücks
Bist du es nicht
Hast du manches falsch gemacht

Sei zufrieden
Mit allem was du hast
Freunde Gemeinschaft
Familie Verwandte
Alle Zeit der Welt
Ideen dein Intellekt
Wissen Können Erfahrung
Weisheit
Lust die unbändige
Unermesslich dein Reichtum

Wer spricht
Von Geld Gold und Edelsteinen
Deren Wert ist sehr begrenzt

Ewige Frage

Warum verschweigen
Was dich so plagt
Warum nicht benennen
Was du sehr magst
Hast dein innerstes
Weit weg geworfen
Und musst alles jetzt
Aus der Ferne wieder holen
Bist du im Herzen rein
Sollst du immer offen sein

Sprechende Augen

Schau euch in die Augen
Wer immer mir begegnet
Und bin total verzaubert
Von Schönem was ich sehe

In vielen Augen Glück
Was der Grund auch sei
Gern ich Freude teile
Geb Signale gleich zurück

Trauer in manchem Blick
Zaudere dich zu fragen
Was vergällt deine Tage
Und dein Herz bedrückt

Meine Tür steht dir offen
Sprich Sorgen frei heraus
Mir macht es nichts aus
Zu teilen was dich betroffen

Kurios bis grotesk

Die Tücke mit dem Fettnapf

Wenn du zu Nachbars Hause gehst
Dann schau dich an der Tür gleich um
Denn dort schon von alters her steht
Der Hausfrau liebster Fettnapf rum

Sei vorsichtig tritt nicht hinein
Die Nachbarin wird dir böse sein
Fettnäpfe oft nicht sichtbar sind
Ein Wort nur - und du stehst drin

Empfindlichkeit dazu verleitet
Auf falschen Zungenschlag zu achten
Vergeben und herzlich lachen
Werden beiden viel Spaß bereiten

Leider gibt es miserable Leute
Postieren Fettnäpfe in großer Zahl
Freuen sie sich der Opfer Qual
Der Teufel hole sie noch heute

Entgangene Köstlichkeit

Häufig hör ich Frösche quaken
Enten schnattern
Und es krächzt der Reiher
Zwischen Schilf Weiden und Erlen
Ruht still ein Weiher
Eine Pflanze mich interessiert
Kalmus der so aromatisch riecht
Zu schneiden und bringen nach Haus
Die Liebste hat ihn mir empfohlen
Die auf gute Wirkung baut
Doch -
Ein Wildschwein sehr gefräßig
Hat ihn gestohlen

Zehn linke Daumen

Ich habe zehn linke Daumen
Ihrer fünf an jeder Hand
Niemand will es mir glauben
Nicht im ganzen Land

Im zarten Kindesalter schon
War das mein großer Trick
Von allem war ich suspendiert
Und hielt es für mein Glück

Zur Schulzeit ging das so weiter
Nur beim Faulsein war ich heiter
Zum Täuschen hatte ich Erfahrung
Und mogelte mich durch alle Jahre

Zur Hochzeit bot ich Hilfe an
Der große Abwasch war nun dran
Die größte Vase ging in die Brüche
Ewig verbannt nun aus der Küche

Nicht für immer kann das gelingen
Ist nicht fair vor allen Dingen
Muss mich nun bessern ja noch heute
Verlier sonst alle meine Freunde

Seestadt Horba

Das kleine Dorf mit Namen Horba
Kurz zuvor erst reformiert
Hier starb der alte Pfarrer
Der die Kirchgemeinde lang geführt

Die Gläubigen waren betrübt
Denn der Verblichene war beliebt
Sie baten beim Superintendenten
Einen jungen Pfarrer zu senden

Nach Wochen beten und bangen
Ward ein junger Mann empfangen
Zu Fuß kam er aus Hamburg her
Auf die Stelle freute er sich sehr

Vor der ersten Predigt war ihm bang
Wenn sie vielleicht ihm nicht gelang
Ein alter Bauer riet ihm dringend
Pro Kanzelstufe einen Schnaps zu trinken

Das tat der Neue und war frohgemut
Die erste Predigt gelang ihm gut
Doch sie handelte nicht von Gott
Eine Schiffstaufe war es die er bot

Die Gemeinde nahm ihn gerne an
Weil doch jeder Fehler machen kann
Seither Horba *Seestadt Horba* heißt
Was in Thüringen ein jeder weiß

Der Schlaraffe

Sieben Meilen hinter Weihnachten
So sagt es das alte Grimmsche Märchen
Fände man das ersehnte Schlaraffenland
Falls man sich durch einen Breiberg fräße

Müßiggang ist des Schlaraffen Dauerjob
Und wen wunderts auch sein Lieblingsjob
Etwas anderes hat er nie gelernt
Weil er sich aus jeder Lehre bald entfernt

In der Schule hieß Schlaraffe *Mittelmaß*
Ein Name der so richtig auf ihn passt
Lernen logisch denken waren nie sein Ding
Nur überstehen wollte er - nie gewinnen

Schöne Frauen gutes Essen beste Weine
Der Schlaraffe kennt nur den Genuss
Bescheidenheit bereitet ihm Verdruss
Bedenken Gewissensbisse kennt er keine

Wenn er ausnahmsweise eine Arbeit tut
Gebt acht Kollegen seid auf der Hut
Auf diesen Schlendrian ist kein Verlass
Wer's vergisst sitzt auf dem Pulverfass

Affe - Schlaraffe

Es war einmal ein Affe
Der war auch ein Schlaraffe
Doch nicht jeder Schlaraffe
Ist auch zugleich ein Affe

Der Affe der ein Schlaraffe war
Bekam viel Ärger mit dem Pascha
Das Recht auf Müßiggang und Genuss
Stünden ganz allein dem Pascha zu

Womit wieder mal bewiesen war
Was schon die Römer sprachen
Dass das Rindvieh niemals darf
Was nur Jupiter ist erlaubt

Meine Fehler

Von Anbeginn machten Menschen Fehler
Die begleiten unser ganzes Leben
Dem Prüfenden sind sie nur Resultat
Als *Misserfolg* oder *gut gemacht*

Ich bedaure all die armen Narren
Die stets behaupten fehlerlos zu sein
Sollen sie doch weiter heucheln
Auf ihrer *Unfehlbarkeit* beharren

Alle meine Fehler sind mir lieb
Sie sind Zeichen jeglichen Genies
Würde ich selbst nie Fehler machen
Über wen sollte ich dann lachen

Seltsame Annonce

Zu Paris vor Notre-Dame
Schlägt ein Padre einen Zettel an
Durch diese Pforte trete ein
Wenn du bist der Sünden müde
Darunter mit Lippenstift
Von zierlicher Hand geschrieben

Und wenn nicht dann rufe
            666 66666
diese Nummer an
Meine Liebeskünste zu genießen
Komme schnell und sei nicht prüde!

Trügerische Ruhe

Ein junger Mann beruflich eingespannt
Möcht in Ruhe wohnen auf dem Land
In der Waldsiedlung zur Miete wohnen
Hat ein altes Ehepaar ihm angeboten
Im Holzhaus ganz gemütlich ist wunderbar
Wenn nicht der Hühnerhof des Nachbarn wär

Früh am Morgen weckt der Hahn die Hennen
Und Menschen die sollen nicht ewig pennen
Und unseren jungen Mann der nicht will
Dass ein Federvieh ihn aus dem Bette wirft
Könnt der Hahn nicht bis neun Uhr warten
Bis auch der letzte Mann ist ausgeschlafen

Er sucht und findet Wohnung in der Stadt
In feinem Bürgerhaus in einem Park
Als die Wohnung fertig eingerichtet
Geht zufrieden unter Bäumen er spazieren
Im Park an einer Mauer steht eine Bank
Wo er im Grünen Ruhe findet Gott sei Dank!

Dann oh Schreck ein lautes *Törröhhh*
Ganz nahe trompetet ein Elefant
Auch weitere Tiere nicht zu überhören
Und oben auf der Mauerkrone schreit ein Pfau
Den Mann befällt Ohnmacht mit gequältem *Oooh*
Denn hinter der Mauer ist der Leipziger Zoo

Mumie

Ein Frosch der besonders mutig war
Wollte meinen Geräteschuppen erkunden
Er lief und kletterte überall herum
Fiel in die Gießkanne wo ich ihn fand

Über den ganzen Winter dort gefangen
Ist er gestorben und dann vertrocknet
Als Mumie ist er jetzt zu Ruhm gelangt
Zu einem musealen Artefakt geworden

Einen Ehrenplatz hat er auf einem Stein
Dem Treiben der Artgenossen zuzuschauen
Jetzt laden sich alle Nachbarkinder ein
Die Mumie wie einen Pharao zu bestaunen

Kurschatten

Eine Kur ist immer eine schöne Zeit
Einerseits der Gesundheit wegen
Kann man dem Körper neue Kräfte geben
Andererseits kannst du dem Liebesleben
In aller Ruhe neuen Aufschwung geben
Für Seitensprung ist beste Gelegenheit

Am ersten Tag emsige Betriebsamkeit
Zum Quartierbezug und Arzt Gelegenheit
Bis zum Abend sind die Männer aufgeteilt
Für das Amüsement will man viel Zeit
Drum werden Termine am zweiten Tag getauscht
Alle Frauen und Männer sind wie im Rausch

In Cafès der Kurstadt ist nun Hochsaison
Kaffee und Kuchen Torten mit viel Sahne
Die Gesundheit vergessen in den Salons
Und was Zuhausgebliebene nicht ahnen
Erstpatienten kennenlernen Pläne schmieden
Alte Liebschaften glanzvoll aufpolieren

In Parks und Landschaft nunmehr wandeln
Die sich interim eng zu Paaren banden
Sie finden sich in lauschigen Ecken
Geschmuse auch im Kornfeld oder Hecken
Zu Hause ist Partnertausch eher selten
Hier lebt man in paradiesischen Welten

Schnell geht die Zeit der Kur zu Ende
Dem einen ist der Abschied unsagbar schwer
Dem anderen Gewohnheit gängige Routine
Ist man zu Hause ein Strauß an der Tanke
Partner umarmen mit sehnsuchtsvoller Miene

Der Troll in meiner Tasche

Ein Smart Phone habe ich in der Tasche
Einen Namen gab ich es heißt jetzt Troll
Ständig belästigt er mich höchst penetrant
Mit Klingeln Hupen Klopfen Vibration

Nicht Freunde Verwandte die mich fordern
Nein Händler Spammer Gauner und Konsorten
Sie alle wollen mich nur per Mail ermahnen
Schnell zu kaufen was ich nicht brauche

Besonders schlimm sind die vielen Spam
Ständig fluten sie meinen Posteingang
Videos Bilder witzig nicht nur dumm
Den Sendern dreh ich im Traum die Gurgel um

Und weitersenden soll ich diesen Mist
An alle Freunde und wen sonst ich kenne
Weltweit werden Netze Server überschwemmt
Bis für Notrufe kein Raum mehr ist

Früher hat man Räume gern verwanzt
Zu horchen was die Leute sprechen
Mein Troll erledigt das ganz elegant
Meldet was ich tu und was ich denke

Verwerflich ist was er mit Menschen macht
Die willensschwach sind oder Kind
Die nur noch sehen Videos und Klim-Bim
Und alles alles andere lassen außer acht

Der Troll ist Feind der Geselligkeit
Wenn alle Blicke auf den Troll gerichtet
Ist kein Raum für Anekdoten und Gedichte
Geschweige für Lieder und Fröhlichkeit

Der irren Penetranz bin ich nun satt
Will Besinnlichkeit und Ruhe wieder haben
Damit mich künftig keiner stören kann
Wird gleich die Straßenwalze drüber fahren

Gescheiterte Missionierung

Herr Meyer seines Zeichens Studienrat
In interessante Literatur vertieft
Für Geist Unterhaltung ist er berühmt
Kennt Literatur und Wissenschaft
Pflegt beste Gesellschaft all die Jahre
Mag nicht Agitation und keine Missionare

Doch wer kommt auf der Gasse her zum Haus
Zwei Damen stadtbekannt als penetrant
Läuten schon an der Tür welch ein Graus!
Herr Meyer weiß wie er ihnen begegnen kann
Sooft sie schon kamen die gleiche Litanei
Nicht Gott sondern Primat von Huhn oder Ei

Würdevoll tritt Meyer zu der Tür hinaus
Von Geschäftigkeit zeugen Buch und Brille
Räuspert sich und sagt mit sonorer Stimme
Eine Privataudienz wünschen Sie bei mir
Wenn es Sie dürstet nach neuem Wissen
Seien Sie willkommen in diesem edlen Haus

Irritiert durch Herrn Meyers Rede
Sperren die Damen Augen und Mäuler auf
Schwester wir sollten lieber gehen!
Und blitzschnell eilen sie hinaus
Her Meyer geht zurück mit froher Miene
Eine Stubenfliege bekehre keine Honigbiene!

Opatrick

Opatrick statt Enkeltrick
Das wär doch mal ganz gut
Das denkt auch Opa Heinrich
Der ist immer auf der Hut

Den ruft einmal ein Gauner an
Hey Opa geht es dir gut
Heinrich ist die Stimme unbekannt
Doch auf Spielchen hat er Lust

Hey Karsten ruft er laut
(Der Name ist frei erfunden)
Du warst so lang verschwunden
Sag mir was brauchst du heut

Ach Opa leider hab ich Sorgen
Mein Auto ist totaler Schrott
Ein neues brauche ich ganz flott
Kannst du das Geld mir borgen

Geld gebe ich dir keinesfalls
denn du bist mein Enkel nicht
hatte nie einen Enkel Karsten
Das eben ist der neue Opatrick!

Tele Ansage

Ein Polizist der keiner ist
Nimmt den Hörer wählt mich an
Der ihn annimmt bin nicht ich
Mein Anrufbeantworter geht dran
Der Anrufer ist konsterniert
Von dem was er nun hört

Mein Eigentum willst du beschützen
Geld Schmuck und Wertpapiere
Und alles was ich sonst besitze
Zum Polizeirevier - all hier - gehe
Mit Zahnbürste Rasierer was zum Rauchen
Im Knast wirst du das dringend brauchen

Der Polizist der keiner ist
legt entsetzt den Hörer auf
          ganz schnell
Denkt für heute mach ich Schluss
          eventuell

Morgen

Morgen ist der kommende Tag
Wohin man Arbeit gern verschiebt
Weil man damit viel mehr Ruhe hat
Ist verschieben leider sehr beliebt

Vieles gibt es was so liegen bleibt
Und sich partout nicht selbst erledigt
        Morgen meiner Frau schönste Komplimente
machen
        Morgen in Haus und Grundstück Ordnung
schaffen
        Morgen mit dem Enkel einen Drachen bauen
        Morgen im Gelände fünftausend Meter laufen
        Morgen endlich Zaun und Gartenmöbel streichen
        Morgen setze ich mit viel Fleiß ein Zeichen
Das alles damit meine Frau mir nicht mehr predigt

Und warum morgen erst und nicht heute
Weil das heutige Tagwerk ist vollbracht
Jetzt ist Abend bald schon dunkle Nacht
Ausgeruht und frisch kann ich dann früh
Das Werk vollenden ganz ohne Müh
Ausreden finden schließlich alle Leute

Späte Ironie

Viel Arbeit fällt hier an
Im Garten und auch im Haus
Die Jungen schaffen tagein tagaus
Ich Alter tu was ich noch kann

Arbeit die gern liegen bleibt
Für mich ein Zeitvertreib
Beete jäten Stauden pflanzen
Morgens gießen die Rabatten

Die Jungen sagen mit Bedauern
Was wird sein wenn du verblichen
Heb ich erstaunend meine Brauen
Nein ich werde mich nicht missen

Wortspiel I

Einen Humpen für den Lumpen
Ein Schnitzel für den Spitzel
Einen Schnaps für den Lügensack
Den leeren Teller für den Zechepreller
Eine Furie für den Heiratsschwindler
Und was gibt es für den Spielverderber
Eine Horde Affen soll das Fell ihm gerben

Alles Stein

Ein Stein kalt und stumm
liegt so auf dem Weg herum
Ich fürchte es gibt Schaden
Es bricht ein Rad am Wagen
Die Edelfrau die oben sitzt
fällt in den Schlamm es spritzt

Amphitheater Tempel und Pyramiden
Schlösser Burgen und Zitadellen
Die Lehmhütten finden Forscher
Wo die fleißigen Erbauer wohnten
In Wüsten wohnen sie noch heute
In Meeren aus Stein den Städten

Die Jungfrau mit dem Herz aus Stein
Ich lud sie ein zum Stelldichein
Wollt sie befreien von ihrer Kühle
Rundungen und Spitzen von Stirn bis Zeh
Küsste ich heißer Vulkan der Gefühle
Liebe ist unstillbar entbrannt oh weh!

Mann im Mond

Menschen schauen gern zum Himmel
Abends wenn es dunkel wird
Staunend immer wieder
Freuen sich der Pracht
Und singen tausend Lieder
Sterne nicht zu zählen
Sternschnuppen und Kometen
Am liebsten doch den alten Mond
Der leise hinter Wolken schwebt
Und seine vielen schönen Formen
Beflügeln menschliche Fantasie
Einen Schulfreund nahm ich einst
Scherzhaft auf den Arm
Entrüstet rief der aus
Ich würd in meiner Einfalt denken
Dass der Mond ein Klappstuhl sei
Dem Schulfreund war ich dankbar
Für den treffenden Vergleich
Denn nachts darauf träumte ich
Der Mann im Mond zu sein
Beglückt saß ich im Liegestuhl
Der so aussieht wie der Mond
Und wachte über die Weltenstille
Und was sich auf der Erde tut
Wunderbar wär dieser Job
Wenn Kopf und Hände ruhn

Lumpenpack

Lump Betrüger Lügensack
Taschendieb und Verleumder
Sie lümmeln in der Schenke

Stets betrunken ist der Lump
Jeden Tag besäuft er sich
Beschafft sich Geld auf Pump
Dass die Familie hungert
Derweil er am Biertisch lungert
Ist ihm leider scheißegal

Als Meister der Täuschung
Ist der Betrüger weithin bekannt
Spielen wir Fragt er jeden
Hat Karten Würfel stets zur Hand
Der naive Fremde kann nicht ahnen
Dass er gleich sein Geld verliert
Karten und Würfel sind gefälscht
Verwirrung macht Betrug perfekt
Mit leerem Beutel geht der Fremde
Ausgeraubt aus der Schenke
Schadenfreude lacht ihm hinterher

Geschichten kennt der Lügensack
In unglaublich großer Zahl
Wahr oder falsch wär seine Wahl
Und die fällt meist auf Lüge
Doch sollt es auch mal anders sein
Und er die Wahrheit spricht
Auch dieses glaubt man ihm nicht
Das ist nun mal des Lügners Pein
Er kann nicht aus seiner Haut
Drum ist und bleibt er der Lügensack

Wo sich viele Menschen treffen
Ist der Taschendieb nicht weit
Seine Hände gut trainiert
Ist er als Langfinger bereit
Im Gedränge hat er leichtes Spiel
Ansonsten hantiert er mit Gefühl
Der Arglose spürt es selten
Dass er Ziel eines Diebes ist
Wer die Aufmerksamkeit vergisst
Und - auch schon bar seines Geldes

Verleumdung streicht übers Land
Ein Hauch nur kaum zu spüren
Still und leise Schlechtes reden
Über alle Leute
Vorteil ziehen
Und Nachbarn gehörig schaden
Perfide sind Verleumders Taten
Sich von ihm fern zu halten
Ist jedermann gut beraten

Wenn Lump Betrüger Lügensack
Taschendieb und Verleumder
Gegenseitig sich geschadet
Eines Tages packt die Wut
Fließt manches Tröpfchen Blut
Sie schlagen sich
Und vertragen sich
Wenn auch die Fäuste wund
Nur darin liegt der Grund
Dass sie bisher
Nicht ausgestorben sind

Am Schaufenster stehen und schauen
Eng aneinander geschmiegt verliebt
Ein Stein im Fenster sehr begehrt
Sie will ihn haben ich tu mich schwer
Ich werde weich und sie verzückt
Ich schenk den Stein und - sie ist weg

Ein arroganter Hochbestallter
Lang studiert und dennoch dumm
Streitet sich mit jedem rum
Nicht Stroh Beton hat er im Kopf
Einsicht kennt er nicht der Tropf
Wird nie weise selbst im Alter

Landmanns Klage

Aus der Hütte guckst du konsterniert
So als wäre Schlimmes dir passiert
Bist du am Ende vielleicht krank
Oder lebst mit deiner Frau im Zank

Hat das Mahl dir nicht geschmeckt
Oder im Stall ein Schwein verreckt
Der Nachbar nunmehr offen spricht
Nein mein Freund das ist es nicht

Ins Wirtshaus ging ich heute früh
Der Gastwirt gab sich größte Müh
Bot mir Bier Schnaps Sekt und Wein
Aber leider - Durst hatte ich keinen

Dreistes Ansinnen

Junge Dame nett zu jedermann
Hilfsbereit zu jeder Zeit
Freundlich auch zu jenem Mann
Der wär gern mit ihr zu zweit

Der spricht im Park sie an
Wann er sie besuchen kann
Raspelt Süßholz meterlang
Abends klopft er bei ihr an

Doch die Kleine ist sehr schlau
Als geöffnet wird die Pforte
Erblickt der Herr - seine Frau
Die straft ihn gleich am Orte

Trilibet

Ein Kind ward heut geboren
Wir konnten lange uns nicht sehen
Du willst mich schnell verlassen
Tratsch weiß es war der Pfaffe
Fährst als Seemann um die Welt
Keinesfalls länger bei mir bleiben
Die Unschuld hat er verloren
Zu lange warst du fern von mir
Mein Anblick stößt dich förmlich ab
Der verpflichtet ist dem Zölibat
Täglich schmerzt mich ein Sehnen
Täglich suchst du Grund zum Reiben
Darauf lasst uns heute trinken
Von dir der nichts von Heimkehr hält
Und reichlich Anlass mich zu hassen

Himmlische Gaben

Als das irdisches Leben angefangen
Wurde den Menschen ihr Wesen zuteil
Als ein jeglicher herbei geeilt
Demütig himmlische Gaben zu empfangen

Verstand Logik und Geschicklichkeit
Klugheit Liebe Mut Kraft und Empathie
Bei den meisten Menschen sehr begehrt
Jedem sparsam und dosiert zugeteilt

Falschheit Hinterlist und Narrentum
Unersättliche Gier nach Geld und Macht
Geht in der Welt noch heute um
Und hat vielen Menschen Leid gebracht

Doch kann ich viele nicht verstehen
Die als die Dummheit angepriesen
Mehrmals ganz laut *HIER* geschrien
Und sie stolz noch mit sich führen

Weisheit wurde nicht verliehen
Der Himmel weiß allein warum
Jeder soll sie kultivieren
Indem er lebenslang nur Gutes tut

Grotesk I

Ochse
> Der ein Kalb gebiert

Tagedieb
> Der gar nicht stiehlt

Jüngling
> Der das Glück verschmäht

Virtuose
> Der sein Klavier zersägt

Querdenker
> Der zu denken glaubt

Räuber
> Der sich selbst beraubt

Rabe
> Der ein Albino ist

Krokodil
> Das sich selber frisst

Die ganze Menschheit nicht zuletzt
Ist was man nennt grotesk
Wie sonst heißt man solche Kreaturen
Die dauernd ihre Fehler wiederholen

Kasperkopf

Schnitzerwerkstatt in der Rhön
Aus der Stadt ein Tourist
Nur manche Sachen fänd er schön
Das meiste sei nur Mist
Geht weiter durch den Ort
Schnitzer denkt - endlich fort

Anderntags kommt er mäkelnd wieder
Blick ins Schaufenster - wie versteinert
Viele Kasperköpfe große kleine
Des Betrachters exaktes Ebenbild
Rennt zum Hotel und packt ein
Wer schon möcht ein Kasper sein

Grotesk II

Freunde hab ich leider keine
Doch mich lieben manche Feinde
Langweilig mein Bild beinahe zuwider
Zu oft sah ich es im Spiegel
Ein Bier begehrt ich sehr
Wenn es kühler als der Kaffee wär
Der Ober schaut sehr betroffen
Ich hab ihm alles weg gesoffen
Die Liebste sieht mich nicht mehr an
Zu sehr gleiche ich ihrem Mann
Wo ist die andere Straßenseite - Da drüben
Leute dort schickten mich hierüber

Lieblos

Frau zum dritten mal geschieden
Noch im Besitz der Jungfernschaft
Drei Ehen zweifelhafter Liebe
Mit Männern ohne Manneskraft

Pastor war der erste Mann
Hielt ängstlich stets Distanz
Es half kein bitten kein reden
Ins Bett ging er zum Beten

Als zweiter kam ein Astronom
Der liebte sehr sein Teleskop
Die Frau fand er schnuckelig
Im Bett wollte er nur gucken

Und dann ein Politiker kam
Der liebte die Karriere
Ein Ende fand auch diese Ehe
Weil er immer bloß versprach

Ignoranz der Propheten

Hohn Spott und Gelächter
Ich den Propheten zolle
Sie verkünden Prognosen
Nicht allein zum Wetter

Mich stören große Töne
Die mancher von sich gibt
Und will nicht mehr hören
All die Reden ohne Sinn

Zukunft fest gebunden
An alles was war und ist
Kreuz und quer verflochten
Und Zufall Herrscher ist

Einflüsse große kleine
Wenige wir nur kennen
Sie handeln im Vereine
Verknüpfen oder trennen

Fraktale weit verzweigt
Wachsen bis zur Ewigkeit
Den Schneeflocken gleich
Werden Wasser oder Eis

Nun kommt her ihr Narren
Mit dem zweiten Gesicht
Die allzeit nur prahlen
Und wirklich wissen NICHTS

Von Bier und Wein benebelt
Schreiend mit wilden Gesten
Schwingt ihr große Reden
Die morgen schon vergessen

Ich sags ihr werdet sehen
Und werdet an mich denken
Das Unglück wird geschehen
In elf Jahren früh um zehne

Entscheiden

Im Gartenlokal ein Gast
Mit Durst und Appetit
Der Kellner bringt ein Bier
Und bietet Speisen an
Bockwurst ist im Angebot
Zur Abwechslung zwei Sorten
Der Gast wird blass
Und räuspert sich
Er kann sich nicht entscheiden
Der Kellner kurz entschlossen
Bringt ihm alle zweie
Doch bei Lokalschluss
Sitzt er immer noch
Kopf gesenkt Augen starr
Vor ihm die Würste - beide
Er konnt sich nicht entscheiden

Zur Gemeindewahl gehts ebenso
Zehn Kandidaten angetreten
Einer nur kann Schulze werden
Jeder wähnt sich als der beste
Doch sieht man jedem an:
Nur Vorteil will der Mann
Wie sollen Wähler entscheiden
Wenn alle Kandidaten
Gleichsam miserabel sind

Bei allem was zu entscheiden
Land ab und Land auf
Nimmt Eselei den bekannten Lauf

Untermieter II

Ein Wesen spüre ich in mir
Ein Heinzelmann Wicht Fee
Oder einen Kobold gar
Seele Erfahrung Humor
Hat es und auch Verstand
Brownie hab ich es genannt
Bei allem hilft mir Brownie
Am Tag und auch bei Nacht
Beim Schreiben
Wie in Haus und Garten
Und treibt auch Schabernack
Ich mag ihn sehr
So wie er mich
Und will ihn niemals missen
Ist mir Erregung
Und mein Ruhekissen

Wissen

Mein ganzes Leben eifrig lernen
Frage nicht nach Zahl der Jahre
Wissen durft ich viel erwerben
Noch mehr gilt mir Erfahrung

Ich mag nicht die Besserwisser
Die aufdringlich mich belehren
Die am Ende gar nichts wissen
Und die niemand mag bekehren

Ich weiß dass ich nicht weiß
Enge Grenzen setzt mir das Leben
Vielfalt unsere Welt und weit
Will darüber mich nie erheben

Nicht alles wissen ist mir schnuppe
Was ich einzig richtig weiß
Dass im Topf zwei Pfund Fleisch
Ergeben eine wunderbare Suppe

Inhaltsverzeichnis